Je ne suis nulle part heureux
qu'à la condition de jouir de mon
âme, d'être moi, moi tout pur.

Diderot

Diderot

publié dans la revue rétrospective (2e série, t. VII. p. 485, 1886).

Vous avez, monsieur, des droits a mon estime, comme acteur, et a mon amitié, comme compatriote. Je desire de vous servir. on dit que vous faites a merveilles le role du Commandeur dans le Pere de famille, et je n'ai pas de peine a le croire. vous pouvez donc le solliciter en mon nom, au premier Comité representez que mon ouvrage ne m'a jamais rien rendu; et que si l'on veut m'accorder une marque de reconnaissance a laquelle je serai tres sensible; on vous accordera, a vous, Monsieur, la croix de s[illegible] d'auvillé. J'espere que mon ami [illegible] et le bon pere Brizard voudront bien s'employer en votre faveur. saluez les de ma part. monsieur le Commandeur, quoique vous soiez un fort mechant homme sur la scene, je sais que vous êtes un fort galant-homme dans la societe. et je vous embrasse de tout mon coeur. Celui qui a mieux aimé amuser et instruire ses concitoyens que de les ruiner

Diderot

Au grandval pres Sucy
ce 28 octbre 1778.

Archives de la Comédie Française

DIDEROT

charly guyot

écrivains de toujours/seuil

© Éditions du Seuil 1953. Toute reproduction interdite, y compris par microfilm. ISBN 2-02-000013-X

Quelques dates

5 octobre 1713 : naissance de Denis Diderot, à Langres. *Montesquieu a 24 ans ; Voltaire, 19 ans ; Buffon, 6 ans ; Rousseau, 1 an.*

1715. 27 janvier : naissance de Denise Diderot, « sœurette ».

1716. 30 janvier : naissance de Jean-François Rameau, « le neveu ». — 27 novembre : naissance de Louise-Henriette dite Sophie Volland.

1717. *Novembre : naissance de d'Alembert ; le procès-verbal d'abandon sur les marches de l'église Saint-Jean-le-Rond, est daté du 16.*

1722. 21 mars : naissance de Didier-Pierre Diderot.

1723. 8 *décembre : naissance de Paul-Henri Thiry d'Holbach. —* 26 *décembre : naissance de Grimm.*

De 1723 à 1728, Diderot est élève au collège des Jésuites de Langres.

1726. 22 août : Diderot reçoit la tonsure.

1728. Diderot part pour Paris. De 1728 à 1732, il est élève au collège Louis-le-Grand (selon Pommier, *Diderot avant Vincennes*) ou au collège d'Harcourt (selon Billy, *Vie de Diderot*).

1732. 2 septembre : Diderot est reçu maître-ès-arts de l'Université de Paris.

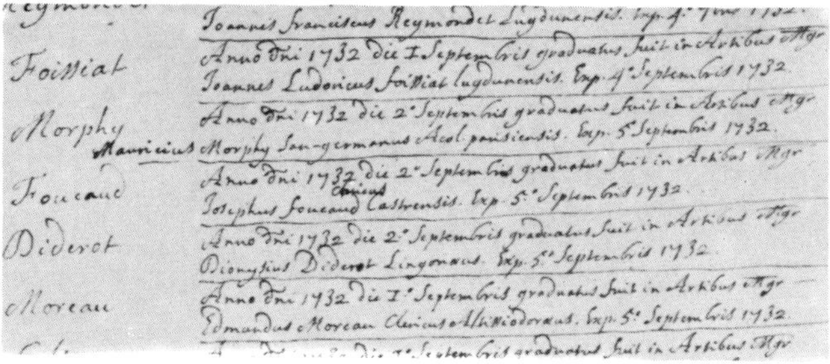
Foissiat
Anno Dni 1732 die 1 Septembris graduatus fuit in Artibus
Joannes Ludovicus Foissiat lugdunensis. Exp. 4° Septembris 1732.
Morphy
Anno Dni 1732 die 2° Septembris graduatus fuit in Artibus
Mauricius Morphy San-germanus Acol. parisiensis. Exp. 5° Septembris 1732.
Foucaud
Anno Dni 1732 die 2° Septembris graduatus fuit in Artibus
Josephus Foucaud Castrensis. Exp. 5° Septembris 1732.
Diderot
Anno Dni 1732 die 2° Septembris graduatus fuit in Artibus
Dionysius Diderot Lingonensis. Exp. 5° Septembris 1732.
Moreau
Anno Dni 1732 die 1° Septembris graduatus fuit in Artibus
Edmundus Moreau Clericus Altissiodorensis. Exp. 5° Septembris 1732.

«... Graduatus fuit in artibus Mgr (Magister) ... »

Au cours des dix années suivantes, son existence nous demeure assez obscure. Il fit sans doute du droit, peut-être de la théologie. Aurait été clerc en l'étude du procureur Clément de Ris. Fut précepteur chez Randon de Massane, receveur général des Finances.

1741. Diderot fait la connaissance d'Antoinette Champion (née en 1710)

1742. Début des relations de Diderot et de Rousseau. — 25 mai : approbation du manuscrit de la traduction de l'*Histoire de la Grèce*, de Temple Stanyan.

1743. Au début de l'année, Diderot est emprisonné dans un couvent, par ordre de son père. — Publication de l'*Histoire de la Grèce*, chez Briasson. — 6 novembre : mariage secret de Diderot et d'Antoinette Champion, à Paris, en l'église de Saint-Pierre-aux-Bœufs. Le ménage s'installe rue Saint-Victor.
Naissance de Condorcet et de Lavoisier.

1744. 13 août : naissance d'Angélique Diderot, qui meurt fin septembre de la même année.

1745. Diderot publie sa traduction de l'*Essai sur le mérite et la vertu*, de Shaftesbury. - Liaison de Diderot avec Mme de Puisieux.

1746. 21 janvier : « Privilège » de l'*Encyclopédie*. — Entre le Vendredi saint et le Lundi de Pâques, Diderot compose, au dire de Mme de Vandeul, les *Pensées philosophiques*. L'ouvrage paraît avant l'été ; il est condamné, le 7 juillet, par un arrêt du Parlement de Paris. — En mai, Didier Diderot est ordonné prêtre. — Naissance d'Abel-François-Nicolas Caroillon de Vandeul, futur gendre de Diderot. — De 1746 à 1748, Diderot travaille avec Toussaint et Eydoux à la traduction du *Dictionnaire de médecine* de James.

1747. Rédaction de la *Promenade du sceptique* (publiée en 1830). — 20 juin : lettre de Perrault au lieutenant de police Berryer, dénonçant Diderot comme un « homme très dangereux ». — 16 octobre : Avec d'Alembert, Diderot est chargé de la direction de l'*Encyclopédie*.

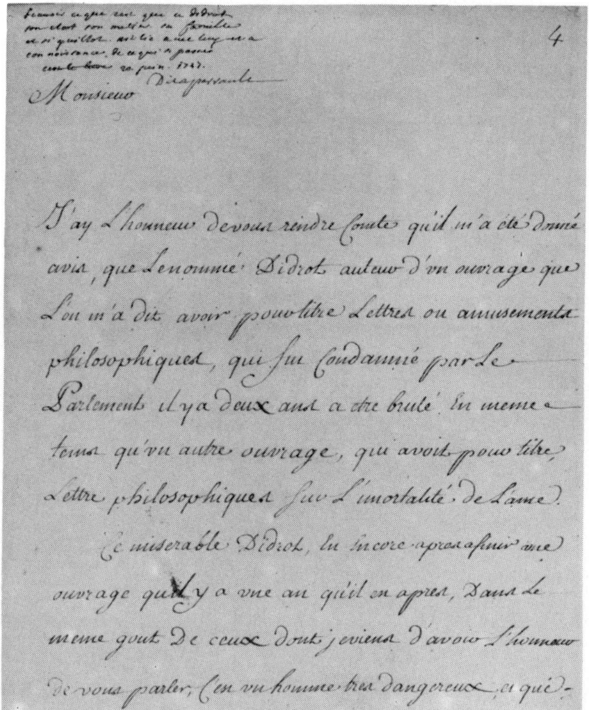
4

Monsieur

J'ay L'honneur de vous rendre Comte qu'il m'a été donné avis, que Le nommé Didrot auteur d'un ouvrage que L'on m'a dit avoir pour titre Lettres ou amusements philosophiques, qui fut Condamné par Le Parlement il y a deux ans a être brulé. En meme tems qu'un autre ouvrage, qui avoit pour titre Lettre philosophiques sur L'imortalité de L'ame.

Ce miserable Didrot, lu encore apres a finir une ouvrage qu'il y a une an qu'il en apres, Dans Le meme gout De ceux dont je viens d'avoir L'honneur de vous parler, C'en un homme tres dangereux, et qui-

Lettre de Perrault, lieutenant de la Prévôté Générale des Monnaies, au Lieutenant de Police Berryer, 20 juin 1747. «... Ce misérable Diderot est encore après à finir une ouvrage qu'il y a une an qu'il est après, dans le même goût de ceux dont je viens d'avoir l'honneur de vous parler. C'est un homme très dangereux, et qui parle des saints martyrs de notre religion avec mépris, qui corrompt les mœurs... »

1748. Publication des *Bijoux indiscrets* et des *Mémoires sur différents sujets de mathématiques.* — Rédaction de *L'oiseau blanc, conte bleu* (publié en 1798). — 19 octobre : mort de la mère de Diderot.

Grimm s'installe à Paris. Montesquieu publie De l'Esprit des Lois.

1749. Début de juin : *Lettre sur les aveugles.* — 11 juin : lettre de Diderot à Voltaire au sujet de cet ouvrage. — 24 juillet : Diderot est arrêté et conduit au donjon de Vincennes.

Dès le 21 août, il peut quitter sa cellule, mais demeure en résidence surveillée dans l'enceinte du château. — En octobre, visite de Rousseau (c'est la fameuse « illumination » de Vincennes). — 3 novembre : Diderot est remis en liberté. — Rupture avec Mme de Puisieux.

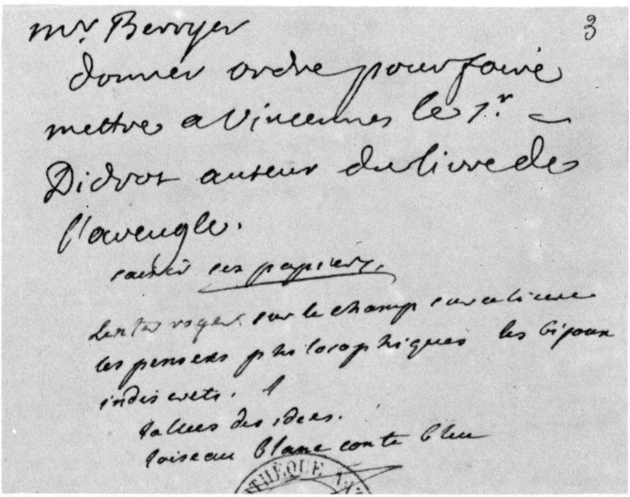
Mr Berryer 3
donner ordre pour faire
mettre a Vincennes le Sr
Didrot auteur du livre de
l'aveugle.
saisir ses papiers.
Interrogé sur le champ sur ce livre
les pensées philosophiques les Bijoux
indiscrets.
allées des idées.
l'oiseau blanc conte bleu

LETTRE DE HARDY DE LEVARÉ, *curé de Saint-Médard, au lieutenant de police Berryer (22 juin 1747). — «... Le Sieur Diderot est un jeune homme qui a passé sa première jeunesse dans le libertinage. Il s'est enfin attaché à une fille sans bien, mais de condition ce semble égale à la sienne et il l'a épousée à l'insu de son père. Pour mieux cacher son prétendu mariage il a pris logement dans ma paroisse, chez le Sieur Guillotte. Sa femme ne s'y appelle que par son nom de fille...*

« Dans un de ses entretiens il s'est avoué l'auteur d'un des deux ouvrages qui fut condamné par le Parlement et brûlé il y a environ deux ans. On m'a assuré qu'il travaillait depuis plus d'un an à un autre ouvrage encore plus dangereux contre la religion... »

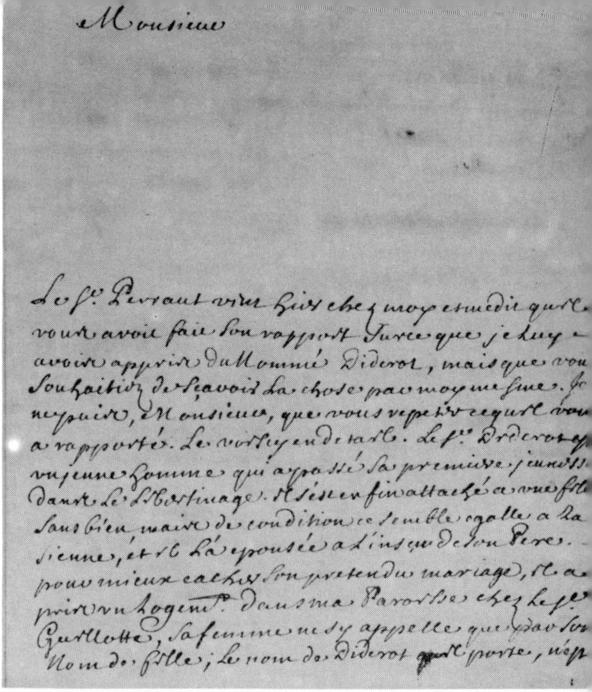

Monsieur

Le Sr. Perraut vint hier chez moy et me dit qu'il vous avoit fait son rapport sur ce que je luy avois appris du nommé Diderot, mais que vous souhaitiez de sçavoir la chose par moy mesme. Je ne puis, Monsieur, que vous repeter ce qu'il vous a rapporté. Le voicy en detail. Le Sr. Diderot est un jeune homme qui a passé sa premiere jeunesse dans le libertinage. Il s'est enfin attaché a une fille sans bien mais de condition ce semble egalle a la sienne, et il l'a epousée a l'insçu de son Pere. Pour mieux cacher son pretendu mariage, il a pris un logement dans ma Paroisse chez le Sr. Guillotte, sa femme ne s'y appelle que par son Nom de fille; le nom de Diderot qu'il porte, n'est

LETTRE DE DIDEROT A BERRYER (13 AOUT 1749).

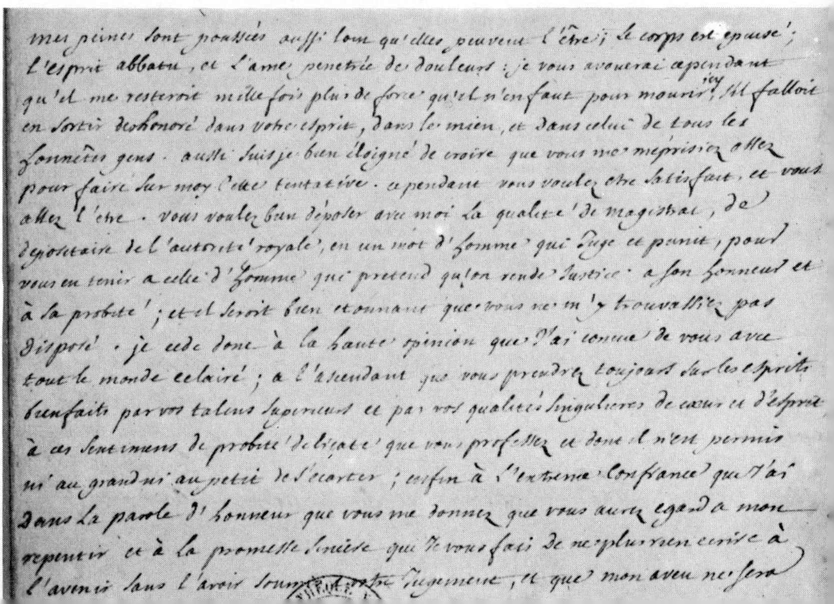

mes peines sont poussées aussi loin qu'elles peuvent l'être; le corps est épuisé; l'esprit abbatu, et l'ame penetrée de douleurs: je vous avouerai cependant qu'il me resteroit mille fois plus de force qu'il n'en faut pour mourir, s'il falloit en sortir deshonoré dans votre esprit, dans le mien, et dans celui de tous les honnêtes gens. aussi suis je bien éloigné de croire que vous me méprisiez assez pour faire sur moy cette tentative. cependant vous voulez etre satisfait, et vous allez l'etre. vous voulez bien déposer avec moi la qualité de magistrat, de depositaire de l'autorité royale, en un mot d'homme qui juge et punit, pour vous en tenir a celle d'homme qui pretend qu'on rende justice a son honneur et à sa probité; et il seroit bien etonnant que vous ne m'y trouvassiez pas disposé. je cede donc à la haute opinion que j'ai conçue de vous avec tout le monde eclairé; a l'ascendant que vous prendrez toujours sur les esprits bienfaits par vos talens superieurs et par vos qualités singulieres de cœur et d'esprit; à ces sentimens de probité délicate que vous professez et dont il n'est permis ni au grand ni au petit de s'ecarter; enfin à l'extreme confiance que j'ai dans la parole d'honneur que vous me donnez que vous aurez egard a mon repentir et à la promesse sincère que je vous fais de ne plus rien ecrire à l'avenir sans l'avoir soumis à votre jugement, et que mon aveu ne sera

ENCYCLOPÉDIE,

OU

DICTIONNAIRE RAISONNÉ DES SCIENCES, DES ARTS ET DES MÉTIERS,

RECUEILLI

DES MEILLEURS AUTEURS

ET PARTICULIEREMENT

DES DICTIONNAIRES ANGLOIS

DE CHAMBERS, D'HARRIS, DE DYCHE, &c.

PAR UNE SOCIÉTÉ DE GENS DE LETTRES.

Mis en ordre & publié par M. *DIDEROT*; & quant à la PARTIE MATHÉMATIQUE, par M. *D'ALEMBERT*, de l'Académie Royale des Sciences de Paris & de l'Académie Royale de Berlin.

Tantum series juncturaque pollet,
Tantum de medio sumptis accedit honoris! HORAT.

DIX VOLUMES IN-FOLIO,

DONT DEUX DE PLANCHES EN TAILLE-DOUCE,

PROPOSÉS PAR SOUSCRIPTION.

A PARIS, Chez
- BRIASSON, *rue Saint Jacques, à la Science.*
- DAVID l'aîné, *rue Saint Jacques, à la Plume d'or.*
- LE BRETON, Imprimeur ordinaire du Roy, *rue de la Harpe,*
- DURAND, *rue Saint Jacques, à Saint Landry, & au Griffon.*

M. DCC. LI.

AVEC APPROBATION ET PRIVILEGE DU ROY.

N° 83.

Rés. g. Q. 120

*Début de la publication de l'*Histoire naturelle *de Buffon.* — *Gœthe, futur traducteur du* Neveu de Rameau, *naît à Francfort, le 28 août.*

1750. 18 *juillet : Rousseau obtient le prix de l'Académie de Dijon.*

30 juin : mort de Jacques-François-Denis Diderot, âgé de cinq ans. — 29 octobre : naissance de Denis-Laurent Diderot ; il meurt fin décembre de la même année.

En octobre, le Prospectus de l'*Encyclopédie* est répandu dans le public.

1751. Début de l'année : Diderot écrit ses deux *Lettres au R. P. Berthier*, directeur du *Journal de Trévoux.* — 18 février : Publication de la *Lettre sur les sourds et les muets.* — 4 mars : Diderot reçoit le diplôme de membre de l'Académie de Berlin. — 1er juillet : publication du tome Ier de l'*Encyclopédie.* — 18 novembre : l'abbé de Prades soutient sa thèse en Sorbonne.

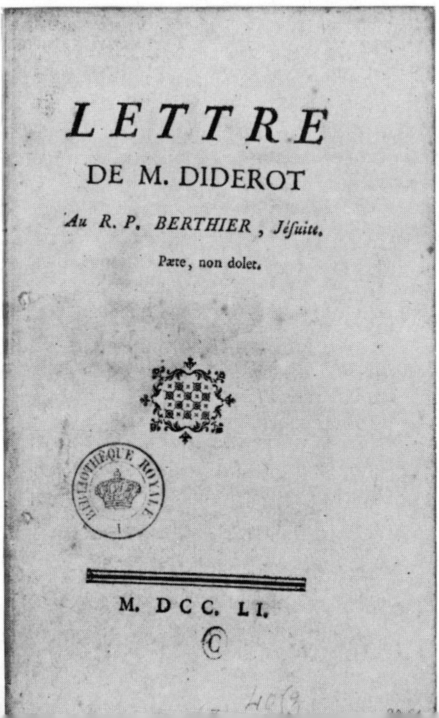
LETTRE
DE M. DIDEROT
Au R. P. BERTHIER, Jésuite.
Pæte, non dolet.
BIBLIOTHÈQUE ROYALE
M. DCC. LI.

1752. Le tome II de l'*Encyclopédie* paraît en janvier. — Le 7 février, un arrêt du Conseil du Roi ordonne la suppression des deux premiers volumes de l'ouvrage. Cependant, dès le mois de mai, grâce à l'intervention de Mme de Pompadour et de quelques ministres, l'arrêt est tacitement rapporté. — Diderot publie ses *Observations sur l'instruction pastorale de Mgr l'Évêque d'Auxerre* (3e partie de l'*Apologie de Monsieur l'abbé de Prades)*.

1753. 2 septembre : naissance de Marie-Angélique Diderot baptisée le 3, en l'église Saint-Étienne-du-Mont. Diderot habitait alors rue de la Vieille-Estrapade. Avant la naissance d'Angélique, rappelons que Diderot avait eu trois enfants : le premier « mort en nourrice », le second « emporté à cinq ans d'une fièvre violente », le troisième mort par accident : « il tomba des bras de la femme qui le portait, sur les marches de l'église où on allait le baptiser ».) — En novembre, publication du tome III de l'*Encyclopédie.* — A la fin de l'année, Diderot publie *De l'interprétation de la nature.* (On ne connaît de cette première édition qu'un exemplaire ; une seconde édition, fort augmentée, parut l'année suivante.)

1754. Diderot fait, en automne, le voyage de Langres. Il y tient sur les fonts baptismaux le dernier-né de la famille Caroillon, Caroillon de la Charmotte. — Publication du tome IV de l'*Encyclopédie.*

1755. Installation de Diderot, au cours de cette année, rue Taranne (Saint-Germain-des-Prés). — En février, Diderot assiste aux funérailles de Montesquieu. — Publication de L'*Histoire et le secret de la peinture en cire.* — En septembre, publication du tome V de l'*Encyclopédie* (lequel contient en particulier, rédigé par Diderot, l'important article *Encyclopédie*). — Début probable des relations de Diderot et de Sophie Volland.

1756. 9 *avril : Rousseau s'installe à l'Ermitage.*
29 juin : *Lettre* de Diderot *à Landois* publiée par Grimm. Elle marque le début de la collaboration de Diderot à la *Correspondance littéraire.* — Publication du tome VI de l'*Encyclopédie.*

1757. 5 janvier : attentat de Damiens. — En février, publication du *Fils naturel* et des *Entretiens*. — En mars, dispute entre Rousseau et Diderot au sujet d'un passage du *Fils naturel* : « Il n'y a que le méchant qui soit seul. » — En octobre, l'avocat Moreau fait paraître l'*Avis utile*, bientôt suivi du *Nouveau mémoire pour servir à l'histoire des Cacouacs*. — Palissot lance ses *Petites lettres sur de grands philosophes*. — En novembre, publication du tome VII de l'*Encyclopédie* (avec l'article de d'Alembert sur *Genève*).

15 *décembre : Rousseau quitte l'Ermitage.*

1758. Début de l'année : d'Alembert renonce à la direction de l'*Encyclopédie*.

Milieu de juillet : mise en vente de l'ouvrage d'Helvétius, De l'Esprit. *Le privilège de cet ouvrage est révoqué le* 10 *août.*

Début d'octobre : publication de la *Lettre à d'Alembert sur les spectacles* ; rupture publique de Rousseau avec Diderot. — En novembre, publication du *Père de famille* et du *Discours sur la poésie dramatique*.

1759. 23 janvier : le Parlement de Paris condamne *De l'Esprit*, l'*Encyclopédie* et les *Étrennes des esprits forts* (nouvelle édition des *Pensées philosophiques*). — 8 mars : arrêt du Conseil du Roi révoquant le privilège de l'*Encyclopédie*. — 4 juin : mort de Didier Diderot, père du philosophe. — Diderot arrive à Langres le 27 juillet. L'acte de partage des biens paternels est signé le 13 août. Diderot regagne Paris le 17. — En novembre, premier *Salon* de Diderot, dans la *Correspondance littéraire* de Grimm.

1760. Diderot écrit *La Religieuse* (roman publié en 1796). — 2 mai : première représentation des *Philosophes* de Palissot.

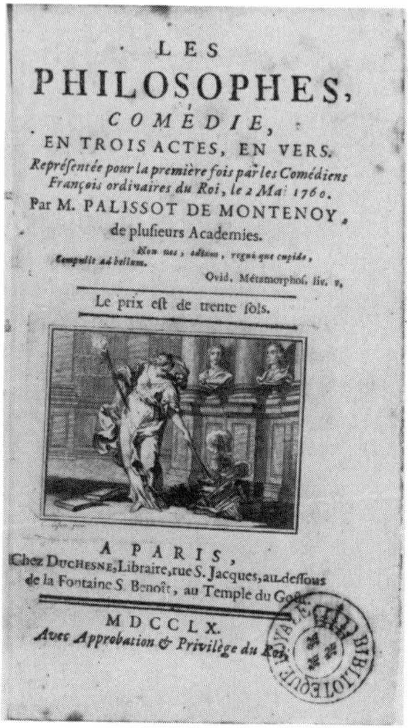

LES

PHILOSOPHES,

COMÉDIE,

EN TROIS ACTES, EN VERS.

Représentée pour la première fois par les Comédiens François ordinaires du Roi, le 2 Mai 1760.

Par M. PALISSOT DE MONTENOY, de plusieurs Académies.

Ovid. Métamorphos. liv. v.

Le prix est de trente sols.

A PARIS,

Chez DUCHESNE, Libraire, rue S. Jacques, au-dessous de la Fontaine S. Benoît, au Temple du Goût.

MDCCLX.

Avec Approbation & Privilège du Roi.

BIBLIOTHÈQUE ROYALE

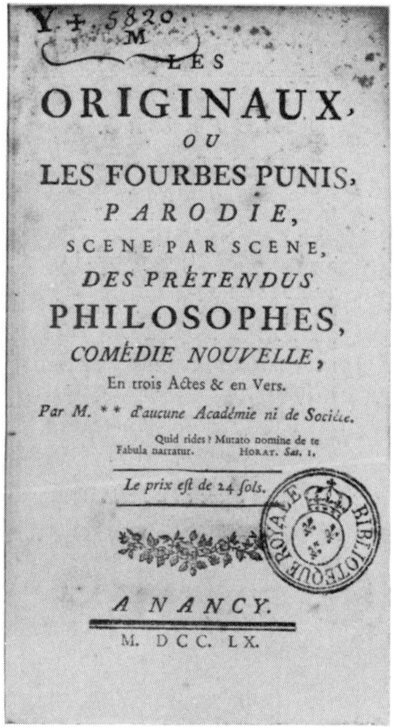

Y + 5820. M

LES

ORIGINAUX,

OU

LES FOURBES PUNIS,

PARODIE,

SCENE PAR SCENE,

DES PRÉTENDUS

PHILOSOPHES,

COMÉDIE NOUVELLE,

En trois Actes & en Vers.

*Par M. ** d'aucune Académie ni de Société.*

Quid rides ? Mutato nomine de te Fabula narratur. HORAT. *Sat.* 1.

Le prix est de 24 sols.

A NANCY.

M. DCC. LX.

BIBLIOTHÈQUE ROYALE

Voltaire lance l'idée d'une candidature de Diderot à l'Académie. — Fin novembre : *Le Père de Famille* est joué à Marseille.

1761. 18 février : première représentation, à Paris, du *Père de Famille*. — En automne, deuxième *Salon*.

1762. 6 *août : arrêt du Parlement de Paris supprimant l'ordre des Jésuites.*

LE PETIT PHILOSOPHE,

COMÉDIE EN UN ACTE, ET EN VERS LIBRES.

Par M. POINSINET le jeune.

Représentée pour la premiere fois par les Comédiens Italiens Ordinaires du Roi, le 14 Juillet 1760.

Ridiculum acri
Fortius ac melius magnas plerumque secat res.
Horace.

Le Prix est de 24 sols avec la Musique.

A PARIS,
Chez PRAULT petit Fils, Quai des Augustins, la deuxiéme Boutique après la rue Gilles-Cœur, à l'Immortalité.

M. DCC. LX.
Avec Approbation & Permission.

YT 13909 (1)

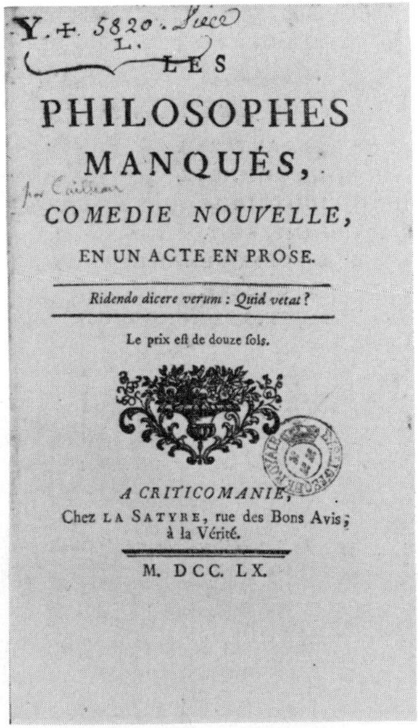

Y. + 5820. Piece L.

LES PHILOSOPHES MANQUÉS,

COMEDIE NOUVELLE, EN UN ACTE EN PROSE.

Ridendo dicere verum : Quid vetat ?

Le prix est de douze sols.

A CRITICOMANIE,
Chez LA SATYRE, rue des Bons Avis, à la Vérité.

M. DCC. LX.

LES PHILOSOPHES : *Imitée des* Femmes Savantes, *cette comédie tendait à ridiculiser les Encyclopédistes. L'un des personnages y représentait Diderot (sous le nom de Dortidius), et l'on pouvait y reconnaître encore Rousseau, Helvétius, Marmontel et peut-être Madame d'Épinay (sous le nom de Cydalise). Cette comédie donna lieu à toute une floraison de parodies parmi lesquelles* Les Originaux ou Les Fourbes punis *est attribué à André-Charles Cailleau, ainsi que* Les Philosophes manqués, *cependant que* Le petit Philosophe *est dû à Poinsinet de Sivry.*

Diderot prépare des *Additions* aux *Pensées Philosophiques* (publiées par Naigeon, en 1770, dans le *Recueil philosophique*). — Première ébauche, sans doute entre 1762 et 1764, du *Neveu de Rameau*. L'œuvre sera remaniée entre 1772 et 1779. Elle paraîtra d'abord dans la traduction de Gœthe, en 1805, puis dans l'édition Brière (1821-1823). Le texte de cette édition est celui d'une copie fournie par Mme de Vandeul. Un manuscrit original du *Neveu* a été découvert et publié par Monval, en 1891.

1763. Troisième *Salon*.

1764. Palissot publie, contre Diderot, *La Dunciade*. — En novembre, Diderot découvre que Le Breton a censuré et mutilé à son insu le texte de nombreux articles de l'*Encyclopédie*.

1765. 1er mai : Diderot vend sa bibliothèque à Catherine de Russie, contre 15.000 livres et une pension de 300 pistoles.

CATHERINE II DE RUSSIE.

Quatrième *Salon* et *Essai sur la peinture*. (L'*Essai* ne fut publié qu'en 1796, dans la *Décade philosophique* ; traduit en allemand l'année suivante, il fut fort admiré de Schiller et de Gœthe).

1766. Janvier : les souscripteurs de l'*Encyclopédie* sont avisés que les tomes VIII à XVII sont achevés et qu'ils peuvent être retirés, à Paris, chez les libraires associés. — Rameau le neveu publie *La Raméide*, suivie bientôt de *La Nouvelle Raméide* de Cazotte.

1767. Cinquième *Salon*.

Le Coucher de la Mariée, *gouache de P.-A. Baudoin, exposée au Salon de* 1767. — *Diderot fut indigné de cette œuvre : « le moment est faux ; il serait vrai, qu'il serait d'un mauvais choix » ; au point de vue technique « toutes les parties de l'art y sont médiocres ».*

fragment du Sallon de 1769.

Regrets sur ma vieille Robe-de chambre.

ou

avis a ceux qui ont plus de gout que de fortune.

Pourquoi ne l'avoir pas gardée! elle etoit faite a moi, j'etois fait a elle. elle mouloit tous les plis de mon corps, sans le gener. j'etois pittoresque et beau. l'autre, roide, empesée, me mannequine. il n'y a aucun besoin auquel sa complaisance ne se prêtât, car l'indigence est presque toujours officieuse. un livre etoit il couvert de poussiere? un de ses pans s'offroit à l'essuyer. l'encre epaissie refusoit-elle de couler de ma plume? elle presentoit le flanc. on y voyoit tracés en longues raies noires les frequents services qu'elle m'avoit rendus. ces longues rayes annonçoient le litterateur, l'ecrivain, l'homme qui travaille. a present j'ai l'air d'un riche fénéant. on ne sçait qui je suis.

Sous son abri, je ne redoutois ni la maladresse d'un valet ni la mienne; ni les eclats du feu; ni la chute de l'eau. j'etois le maitre absolu de ma vieille robe-de chambre; je suis devenu l'esclave de la nouvelle.

Le dragon qui surveilloit la toison d'or ne fut pas plus inquiet que moi. le souci m'enveloppe.

Le vieillard passionné qui s'est livré, pieds et poings liés, aux caprices, a la merci d'une jeune folle dit depuis le matin jusqu'au soir, où est ma bonne, mon ancienne gouvernante! quel demon m'obsedoit le jour que je la chassai pour celle cy. puis il pleure, il soupire.

je ne pleure pas; je ne soupire pas; mais a chaque instant je dis maudit soit celui qui inventa l'art de donner du prix a l'etoffe commune en la teignant en ecarlate! maudit soit le precieux vêtement que je revere! où est mon ancien, mon humble, mon commode lambeau de calemandre

1769. Début de l'année : composition des *Regrets sur ma vieille robe de chambre* (publiés en 1772). — 2 septembre : Diderot vient d'achever *Le rêve de d'Alembert* (publié en 1830). — Sixième *Salon.*

1770. Juillet-août : Diderot à Langres et à Bourbonne. Il tente en vain une réconciliation avec son frère le chanoine et s'occupe du mariage de sa fille avec Caroillon de Vandeul. — A Bourbonne, il retrouve Mme de Meaux et sa fille, Mme de Prunevaux. — Il rédige, sous forme de lettre, son *Voyage à Bourbonne et à Langres* (publié en 1831). De la même période datent *Les deux amis de Bourbonne* et l'*Entretien d'un père avec ses enfants* (publiés en 1773 à Zurich, en tête des *Contes moraux et nouvelles Idylles* de Gessner). — Le 1er octobre, paraissent, dans la *Correspondance littéraire* de Grimm, les *Observations sur Garrick ou les acteurs anglais*, ébauche du *Paradoxe sur le comédien.*

1771. 26 septembre : représentation du *Fils naturel* au Théâtre-Français. La pièce est retirée par Diderot après la « première ». — Composition probable de *La Pièce et le Prologue*, totalement remaniée au cours des années suivantes pour aboutir, en 1781, à *Est-il bon ? est-il méchant ?* (*La Pièce et le Prologue* a été publiée en 1821 ; *Est-il bon ? est-il méchant ?* en 1834.) — Publication des *Leçons de clavecin et principes d'harmonie de* Bemetzrieder. — Septième *Salon.*

26 *décembre : mort d'Helvétius.*

1772. 9 septembre : mariage d'Angélique Diderot et d'Abel-François-Nicolas Caroillon de Vandeul (le contrat de mariage est du 8). — Le 23 septembre, Diderot a achevé *Ceci n'est pas un conte* (publié en avril 1773 dans la *Correspondance litteraire*) et *Sur l'inconséquence du jugement public* (publié en 1798). Le *Supplément au Voyage de Bougainville* doit avoir été composé au même moment (publié en 1796). — Diderot collabore à l'*Histoire des deux Indes*, de l'abbé Raynal. — Première édition collective des *Œuvres* de Diderot (6 volumes, à Amsterdam, chez Marc-Michel Rey).

1773. Rédaction du *Paradoxe sur le comédien* (remanié en 1778 et publié en 1830). — Rédaction de *Jacques le Fataliste* (publié en 1796 ; en 1785, Schiller avait donné, dans la *Thalie*, une traduction allemande de l'épisode de Mme de la Pommeraye). — Au début de juin, Diderot quitte Paris pour Bruxelles, puis La Haye.

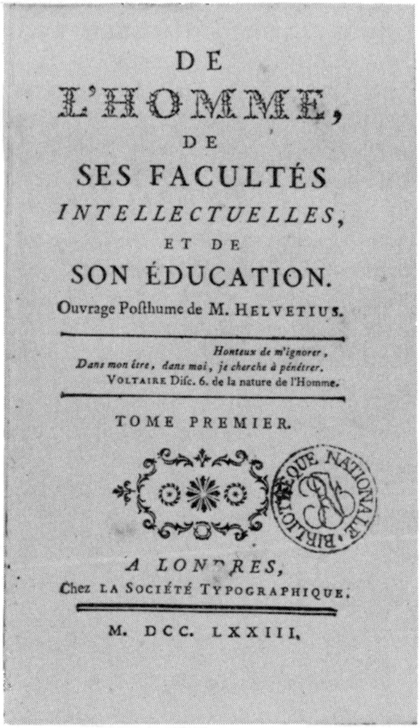

DE
L'HOMME,
DE
SES FACULTÉS
INTELLECTUELLES,
ET DE
SON ÉDUCATION.
Ouvrage Posthume de M. HELVETIUS.

Honteux de m'ignorer,
Dans mon être, dans moi, je cherche à pénétrer.
VOLTAIRE Disc. 6. de la nature de l'Homme.

TOME PREMIER.

BIBLIOTHÈQUE NATIONALE

A LONDRES,
Chez LA SOCIÉTÉ TYPOGRAPHIQUE.

M. DCC. LXXIII.

Là, il prend des notes pour sa *Réfutation de l'ouvrage d'Helvétius intitulé l'Homme* (cette œuvre posthume d'Helvétius venait de paraître). La *Réfutation* ne fut publiée au complet qu'en 1875. — Diderot quitte La Haye le 20 août et, par Dresde, gagne la Russie. Il arrive à Saint-Petersbourg le 8 octobre.

1774. 5 mars : Diderot quitte Saint-Petersbourg. — 5 avril : il arrive à La Haye. Il y demeure jusqu'aux premiers jours de septembre, puis regagne Paris. A La Haye, il surveille l'édition française des *Plans et statuts des différents établissements ordonnés par l'impératrice Catherine II*, du maréchal Betzki (Amsterdam,

1775). Il termine la rédaction des notes commencées l'année précédente et qui seront publiées, en 1819, sous le titre : *Voyage de Hollande*. Il semble qu'une partie des notes des *Éléments de physiologie* (publiés en 1875) ait été rédigée pendant le séjour de Hollande.

1775. Diderot rédige, sans doute entre 1775 et 1776, son *Essai sur les études en Russie* et son *Plan d'une Université pour le gouvernement de Russie* (édition intégrale en 1875). — Huitième *Salon*.

1776. 23 juillet : publication, dans la *Correspondance secrète* de Métra, de l'*Entretien d'un philosophe avec la maréchale de****.

1778. 30 *mai : mort de Voltaire.* — 2 *juillet : mort de Rousseau.*
En décembre, publication de l'*Essai sur la vie de Sénèque le philosophe, sur ses écrits et sur les règnes de Claude et de Néron* (l'édition porte la date de 1779).

1780. Diderot fait don à sa ville natale du buste que Houdon a fait de lui pour le Salon de 1773.

1781. Neuvième *Salon*.

1782. Seconde édition, avec d'importants remaniements, de l'*Essai sur les règnes de Claude et de Néron*.

ESSAI
SUR LA VIE
DE SÉNEQUE
LE PHILOSOPHE,
SUR SES ÉCRITS,
ET SUR LES REGNES
DE CLAUDE ET DE NÉRON.

Avec des Notes.

1783. 29 *octobre : mort de d'Alembert.*

1784. 22 février : mort de Sophie Volland. Elle lègue à Diderot une bague et une édition des *Essais* de Montaigne. — Milieu de juillet : Diderot s'installe rue Richelieu.

31 juillet 1784 : mort de Diderot.
Il est inhumé, le 1er août, en l'église Saint-Roch. Son gendre écrit à Caroillon de Melleville : « Les funérailles ont été distinguées et le convoi nombreux... Je me flatte que, comme tout l'appareil de la religion, jusqu'au prétendu confesseur, était à l'enterrement, les parents de Langres seront contents et même tranquilles. »

1788. *Mort de Buffon.*

1789. *Mort de d'Holbach.*

1794. *Suicide de Condorcet, en prison. — Mort de Lavoisier, sur l'échafaud.*

1824. Mort de Mme de Vandeul.

PORTRAIT DE DIDEROT
*Attribué à Perroneau, et reproduit dans l'*Illustration.
(*Collection du Marquis de Biron*)

PORTRAIT DE DIDEROT PAR LOUIS MICHEL VAN LOO

Ce portrait se trouve au Musée de Langres. Il en existe un autre plus connu ; on le trouvera reproduit plus loin (p. 93) ; il a également donné lieu à une gravure, par B. L. Enriquez (« Graveur de sa Majesté Impériale de toutes les Russies et de l'Académie Impériale des Beaux-Arts de Saint-Pétersbourg ») qu'on a déjà pu voir ci-dessus, en page 4.

J'*avais en une journée cent physionomies diverses, selon la chose dont j'étais affecté. J'étais serein, triste, rêveur, tendre, violent, passionné, enthousiaste... J'avais un grand front, des yeux très vifs, d'assez grands traits, la tête tout à fait du caractère d'un ancien orateur, une bonhomie qui touchait de bien près à la bêtise, à la rusticité des anciens temps.* » Ainsi, en 1767 — il avait 54 ans — Diderot opposait la mobilité et les contrastes de sa nature au portrait « *assez ressemblant* », mais un peu trop apprêté, qu'avait peint de lui Michel van Loo. A travers toute l'œuvre du « Philosophe », les textes abondent — surtout, bien sûr, dans la *Correspondance,* — qui disent la complexité et les oppositions, apparemment irréductibles, de son caractère comme de sa pensée. Le voici, jeune homme, aux dures années de sa misère parisienne, entrant avec son « *air vif, ardent et fou* » dans la petite librairie que tenait, quai des Augustins, Mlle Babuti, la future Mme Greuze. Le voici, dans la quarantaine, mettant en valeur les traits les plus sérieux du personnage qu'alors il était devenu : « *On l'avait surnommé le Philosophe parce qu'il était né sans ambition, qu'il avait l'âme honnête, et que l'envie n'en avait jamais altéré la douceur et la paix. Du reste, grave dans son maintien, sévère dans ses mœurs, austère et simple dans ses discours, le manteau d'un ancien philosophe était presque la seule chose qui lui manquât ; car il était pauvre, et content de sa pauvreté.* » Le voici enfin, vingt ans plus tard, donnant à sa sœur des nouvelles de sa santé : « *Je me porte assez bien ; mais je commence à sentir que je vieillis. Toutes mes dents s'ébranlent ; incessamment il faudra manger de la bouillie comme les enfants. Incessamment, je ne saurai plus parler : ce qui sera un assez grand avantage pour les autres, et un très petit inconvénient pour moi. Incessamment, l'oreille se racornira et les yeux s'obscurciront. Le gros bagage s'en ira. Je vois ces préparatifs du grand voyage se faire sans m'en soucier beaucoup. Je conseille aux méchants d'être inquiets ; pour les sots de bonne foi tels que moi, on leur dira qu'ils ont été des sots, et puis c'est tout.* » Et c'est la même année (1778) qu'il compose son *Portrait* en vers, le terminant par ce discret aveu :

... Lorsque, sur mon sarcophage,
Une grande Pallas, qui se désolera,
Du doigt aux passants montrera
Ces mots gravés : Ci-gît un sage ;
N'allez pas, d'un ris indiscret,
Démentir Minerve éplorée,
Flétrir ma mémoire honorée,
Dire : Ci-gît un fou... *gardez-moi le secret.*

Ce « *sage* » et ce « *fou* », Diderot réussit, en somme, à les faire vivre en bonne intelligence. Ce cynique est un tendre ; ce hardi est, plus qu'il ne semble, un timide. Porté par l'ardeur de son tempérament, il a, dans sa jeunesse, comme beaucoup d'autres, fait des frasques ; mais, mieux que d'autres peut-être, il sut éviter ces embûches qui suffisent parfois à compromettre l'avenir. Plume en main, livré à son inspiration, il a toutes les audaces ; mais averti par un séjour à Vincennes, il garde prudemment dans ses tiroirs ses écrits les plus compromettants : « *Combien de côtés, en moi* », s'écrie-t-il, « *que je craindrais de montrer tout nus !* » Il se plaît en société, au Grandval, à la Chevrette, à « *la synagogue de la rue Royale* » ; et pourtant rien ne lui est plus agréable que son cabinet de travail de la rue Taranne, qu'il quitte parfois pour aller goûter, solitaire, « *la paix de la nature* ». Son accord au monde et aux hommes est plus apparent que réel. Grimm le lui disait bien : il était « *fait pour un autre monde...* ». « *Je ne sais si cela est vrai* », médite notre philosophe, « *mais ce qu'il y a de certain, c'est qu'il y a bientôt cinquante ans que je suis étranger dans celui-ci, que je vis d'une vie imitative qui n'est pas la mienne, que je me plie sans cesse à l'allure des autres et que je suis comme un chien qu'on apprend à marcher sur deux pattes... Ce qui s'échappe de moi ne vaut jamais ce qui s'y passe.* » Le hasard, les circonstances, les besoins matériels disposent de lui. Il passera près de trente ans de sa vie, « *contre* [son] *goût* », à faire l'*Encyclopédie* : « *J'ai été forcé toute ma vie* », avoue-t-il, « *de suivre des occupations auxquelles je n'étais pas propre et de laisser de côté celles où j'étais appelé par mon goût, mon talent et quelque espérance de succès.* » Il brûle, cependant, de divulguer les inventions des autres et, qu'il s'agisse de d'Holbach, de Grimm ou de l'abbé Raynal, il se laisse « *voler sa vie* » par ses amis. Les plaisirs qu'il éprouve, il faut qu'il puisse les communiquer aux autres. Sinon, il n'en est que « *faiblement* » touché.

Cette générosité de l'esprit et du cœur n'est pas toujours récompensée. Il arrive que Diderot ait l'amitié encombrante, maladroite. Peut-être faut-il chercher là l'origine de sa brouille avec Rousseau. Les relations du Citoyen et du Philosophe, leur rupture au moment de la publication de la *Lettre à d'Alembert*, la justification passionnée de leur comportement, pour Rousseau dans les *Confessions*, pour Diderot dans l'*Essai sur les règnes de Claude et de Néron*, comme aussi dans le texte — posthume et trop souvent négligé — de la *Réfutation de l'ouvrage d'Helvétius intitulé l'Homme* : il y a là un terrible maquis dans lequel nous ne saurions nous engager. Que l'on sache seulement qu'aujourd'hui encore ce problème délicat divise les historiens. Il en est peu qui mettent à l'aborder toute l'objectivité désirable. Rousseau étant l'être susceptible, ombrageux, que nous savons, on n'imagine guère que, dans les circonstances données, la brouille ait pu ne pas survenir ou du moins ne pas condamner par la suite toute perspective de rapprochement. Et Diderot, à l'égard de l'ancien ami, s'est il réellement montré aussi « féroce » que le prétendent certains ? Il y a, bien sûr, l'inqualifiable diatribe qu'on peut lire dans l'*Essai* ; mais la note fameuse, mise vingt ans plus tôt par Jean-Jacques dans sa *Préface* à la *Lettre à d'Alembert*, n'est pas non plus défendable.

Dès l'époque de sa « réforme », Rousseau accuse ce sentiment d'être « autre », de n'être fait comme aucun homme qu'il ait vu. Diderot, de son côté, ne sachant « *rien prendre modérément* », dut souffrir, lui aussi, en éprouvant cette secrète et profonde différence intérieure qui le faisait être « lui », mais le rendait sans doute mystérieux à ses familiers mêmes. « *Est-il bon ? est-il méchant ?* » : ainsi s'interrogeait-il sur un personnage qui, dans son théâtre, lui ressemble fort. Ainsi, et plus encore sans doute, devaient s'interroger ses proches, ses amis, ses collaborateurs littéraires. Et l'on ne s'étonne pas de l'entendre, vers la cinquantaine, exprimer un désenchantement progressif : « *Je ne demande pas mieux que d'être heureux. Est-ce ma faute si je ne le suis pas ? Est-ce ma faute si je vois en tout des vices qui y sont et qui m'affligent ? Si toute la vie n'est qu'un songe, qu'un enchaînement d'espérances trompeuses ?* »

Le milieu familial et provincial d'où émerge cette robuste personnalité détermine vigoureusement certains aspects de la sensibilité et de la pensée de Diderot. Certes, de 1728 à sa mort, l'écrivain ne quittera guère Paris. Il devait garder un fâcheux souvenir de ce séjour à Langres, en 1742-43, où, venu pour demander à son père l'autorisation d'épouser Nanette Champion, il se vit enfermer dans un monastère à trente lieues de Troyes. Cependant, il revint au pays nâtal à l'automne 1754, puis en 1759, afin de régler avec « Sœurette » et son frère le chanoine la succession paternelle. Une fois encore, en 1770, se rendant à Bourbonne avec Grimm, il fit à Langres un bref séjour. Le souvenir de la petite ville ceinte de remparts d'où, comme d'un balcon, la vue s'étend sur un immense horizon de plaine et de ciel, lui demeura toujours cher. Dans une lettre à Sophie Volland, et dans le *Voyage à Langres*, il décrit la promenade de Blanche-Fontaine, où il aimait à s'installer pour lire et méditer, laissant ses yeux errer « *sur le plus beau paysage du monde* ». Des liens plus étroits qu'il ne le pensait peut-être l'attachaient à ses concitoyens, à cette bourgeoisie solidement établie dont il était lui-même. Les Langrois, note-t-il, « *ont de l'esprit, de l'éducation, de la gaîté, de la vivacité, et le parler traînant. Ils ont des livres, ils lisent et ne produisent rien* ». Il devait, à lui seul, faire mentir cette dernière constatation.

Veüe de la Ville de LANGRES, Euesché Duché
et Pairrie de France, Situé en Champagne
dessiné du Costé de l'occident.
1700

De sa mère, morte en 1748, Diderot ne parle presque pas : silhouette autant dire effacée. Mais, en revanche, avec quelle vigueur il campe, dans la maison familiale de la place Chambeau, la belle et probe figure de son père, le coutelier. Ce fut pour Diderot un père sévère ; mais libéré de cette tutelle impérieuse, l'enfant prodigue garde comme une secrète nostalgie des solides vertus dont il avait reçu l'exemple. Avant d'avoir lui-même un enfant, il sut, grâce à son propre père, que l'amour paternel « *était une des plus puissantes affections de l'homme* ». Et jamais il ne devait oublier ce jour de son adolescence où, rentrant à la maison les bras chargés des couronnes et des prix remportés au collège, il vit le coutelier s'avancer sur sa porte et se mettre à pleurer : « *C'est une belle chose qu'un homme de bien et sévère qui pleure !* » Plus les années passent, plus Diderot lui-même vieillit, plus la mémoire de son père le sollicite et le fortifie dans son propre sentiment des affections domestiques. S'il y a chez Diderot — et c'est incontestable — un fond moral solide, résistant, que ne parvient pas à entamer une non moins incontestable audace à mettre en question tous les préjugés, c'est pour une bonne part sans doute, à ce père, malgré tout vénéré, qu'il le doit. Les vertus familiales, civiques, professionnelles, de Diderot le coutelier ont marqué profondément Diderot le philosophe.

Entre Denise sa sœur, de deux ans plus jeune que lui, et Didier-Pierre, son frère, le chanoine, et cadet de la famille, Diderot avait le sentiment de « *tenir un assez juste milieu* ». Il jouait au conciliateur, s'efforçant d'apaiser leurs continuelles dissensions. En face de ces deux êtres violents, on découvre, à lire la *Correspondance*, un Diderot « *doux, facile, indulgent* », et qui, parfois, se reproche de pousser trop loin cette indulgence. Avec Sœurette, les relations furent toujours bonnes. Demeurée fille, elle montrait une singulière personnalité : « *libre dans ses actions, plus libre encore dans ses propos, c'est une espèce de Diogène femelle* ». Comment notre philosophe eût-il pu ne pas aimer une sœur qui, par tant de traits, lui ressemblait ? Et l'on imagine fort bien Sainte-Beuve introduisant Denise Diderot parmi ces « sœurs des grands hommes » à propos desquelles il écrivit, dans son *Chateaubriand et son groupe littéraire*, une page pénétrante. Quant au chanoine Didier-Pierre, en 1759, lors des partages de famille, Diderot le disait

Cette peinture anonyme, conservée au Musée de Langres, a été donnée comme représentant le coutelier. Didier Diderot, père du Philosophe. On pense toutefois qu'il s'agirait plutôt d'un portrait de Denis Diderot âgé.

« *né sensible et serein* ». Il lui avait dédié, en 1745, sa traduction de Shaftesbury et sans doute espérait-il encore, à cette date, lui faire entendre qu'il n'était pas besoin de « *cesser d'être homme pour se montrer religieux* ». L'abbé, hélas, se méfiait, non sans bonnes raisons, des dispositions de son frère. « *Triste, muet, circonspect et fâcheux* », il s'opposa violemment à l'incrédulité du philosophe. Celui-ci eut beau faire valoir son droit à penser librement, plaider pour la tolérance : le chanoine se raidit, se cabra. Dès 1760, et malgré une tentative de réconciliation dix ans plus tard, les deux frères sont brouillés. Diderot écrit : « *C'est un bon chrétien, qui me prouve à tout moment qu'il vaudrait mieux être un bon homme, et que ce qu'ils appellent la perfection évangélique n'est que l'art funeste d'étouffer la nature.* » Tout pesé, il faut bien convenir que l'abbé avait mauvais caractère et qu'il donne l'exemple du plus fâcheux fanatisme bigot. Preuve en soit une lettre effarante, que Diderot renvoya à son frère sans l'avoir ouverte, et dont le texte se révèle totalement dénué de charité chrétienne [1].

La vie conjugale de Diderot, l'affection passionnée qu'il témoigne à sa fille Angélique nous révèlent d'autres traits encore — et contrastés — de sa nature. Son mariage secret, en 1743, avec Antoinette Champion, de trois ans plus âgée que lui, ne fut pas une heureuse union. En faisant de « Nanette » — qu'il appelle aussi « Tonton » ou « Maman », ou encore « ma petite mère » — sa maîtresse, vers 1741-1742, Diderot — « Ninot » pour son amie — montrait les allures du « *jeune libertin* » qu'il était réellement. L'amour, laissait-il entendre, allait « *le rendre sage* ». Les « *qualités de corps, de cœur et d'esprit* » de sa maîtresse devaient, les premières surtout, le fixer quelque temps. Mais, le mariage fait, les caractères des deux époux, bien vite, se heurtèrent. Un passage célèbre des *Confessions* de Rousseau nous apprend que Nanette était « pie-grièche et harengère » et qu'elle « ne montrait rien aux yeux des autres qui pût racheter la mauvaise éducation ». Mme de Vandeul, mais en 1812 seulement, dans une lettre à Meister, a protesté contre ce jugement de Jean-Jacques. Elle admet, certes, que sa mère était grondeuse, mais elle attribue ce défaut

1. Lettre du 14 septembre 1772, au moment du mariage d'Angélique Diderot. (Cf. Hubert Gillot, *Denis Diderot*, pp. 315-318.)

à des circonstances auxquelles Diderot n'était pas étranger : « La solitude, écrit-elle, les détails domestiques où la condamnait la plus étroite fortune, le chagrin des liaisons de mon père, l'ignorance des formes du monde, avaient aigri son humeur, et gronder était devenu son habitude. » Élevée au couvent, elle était, au dire de sa fille, « pieuse sans bigoterie et ayant de l'esprit assez pour lire avec grand plaisir tragédies, comédies et romans ». Le tort de Diderot fut sans doute de tenir sa femme dans une situation subalterne. « Né jaloux », dit encore Mme de Vandeul, il ne voulut pas que Nanette vît le monde. Contradiction plus fréquente qu'on ne croit chez les libertins : il ne plaisait pas à ce mari volage que sa femme se trouvât dans les compagnies et les salons où il allait lui-même. Mme Diderot avait de bonnes raisons d'être grondeuse. Confinée dans son ménage, préoccupée des tâches domestiques, fatiguée par plusieurs maternités malheureuses — trois enfants moururent en bas âge, avant que ne vînt au monde la petite Angélique — elle voyait son mari se détacher d'elle : en 1745, il devint l'amant de Mme de Puisieux ; dix ans plus tard débute la liaison avec Sophie Volland ; et je ne parle pas des butinages du chemin ! Tout cela n'empêche pas que le Philosophe exige de sa femme les vertus les plus bourgeoises. Il lui arrive de reconnaître qu' « *elle est quelquefois de bon conseil* ». Mais, plus souvent, il est excédé des scènes qu'elle lui fait : « *incendies domestiques* », « *débordements* » qui durent des heures. Il s'exclame : « *Quel avantage il en reviendra à cette femme, lorsqu'elle m'aura fait rompre un vaisseau dans la poitrine ou dérangé les fibres du cerveau ?* » « *En vérité, cette femme a l'âme féroce.* » Lors du voyage de Langres, en 1759, Diderot profite d'une lettre qu'il écrit à Nanette pour tenter de rétablir la paix dans le ménage ; il reconnaît ses torts : « *Je ne suis pas parfait* », mais il veut que sa femme reconnaisse aussi les siens : « *Vous n'êtes pas parfaite non plus.* » N'est-il donc pas possible de se supporter réciproquement ? « *Il ne faut pas mettre de l'importance à ce qui n'en a point.* » Qu'est-ce à dire ? Je croirais volontiers que Diderot plaide ici pour que lui soit reconnue sa pleine liberté de vie amoureuse. La même année — chose tout de même piquante ! — il fait intervenir le directeur de conscience de son épouse : « *Il a parlé, et cela n'a point mal fait. On s'est rapproché. On parle. Si l'on a de l'humeur, on s'en cache. Je vis à peu près comme je veux.* » Cette dernière phrase me paraît en dire assez long.

L'éducation d'Angélique fut, on le devine, à l'origine de bien des scènes de ménage. Diderot était « *fou* » de sa fille : « *Ah ! le joli caractère, la jolie âme !* » Et, ailleurs : « *Si je perdais cet enfant, je crois que j'en périrais de douleur.* » Il tenait à tout prix à la former, à l'instruire, selon les principes de sa pédagogie personnelle. La mère n'y entendait rien, lui donnait un fort mauvais genre, l'agitait inutilement, et lui farcissait la tête de billevesées. En 1762 — l'enfant avait neuf ans — Diderot entreprend sérieusement de s'occuper lui-même d'Angélique. Il décide qu'elle « *n'ira point au couvent* ». Pour l'heure, il joue avec elle « *à cloche-pied* », à « *clicligne-musette* », « *à coucoubay* », et il en profite pour placer ici « *une sentence* », là « *une petite leçon sur la justice, sur la langue quand on parle mal, sur la logique quand on raisonne faux* ». « *Il faut* », écrit-il à Sophie Volland, « *se faire petit, pour encourager peu à peu les petits à se faire grands... En les accoutumant à être bons dans des riens, ils sont tout prêts à être bons dans des cas importants ; mais est-ce qu'il y a des riens pour eux ?* » Angélique, d'ailleurs, aime lire, et récite à ravir son petit compliment le jour de la fête de son père. « *Elle a de l'oreille et aura des doigts.* » « *Je crois,* pense Diderot, *qu'elle deviendra clavecinière.* » Bientôt en effet il lui donnera un maître d'harmonie et de clavecin, ce jeune Allemand du nom de Bemetzrieder, dont le Philosophe mit en français — et en dialogues charmants — les leçons.

Angélique grandit : à quinze ans, son père la trouve « *si avancée* » qu'il lui révèle « *tout ce qui tient à l'état de femme* ». Bientôt, il lui fait lire un ouvrage de physiologie. Il la prépare, intelligemment, au mariage, au grand scandale d'ailleurs de son frère l'abbé. Dès 1755 — il s'y prenait tôt — il la destinait à épouser un jeune Langrois de bonne maison, Abel-François-Nicolas Caroillon de Vandeul, né en 1746. Cette union se prépara lors du passage de Diderot à Langres, en 1770. Le mariage eut lieu en septembre 1772, non sans qu'eût été soigneusement discuté au préalable, entre les deux familles, le projet de contrat de mariage. Le Philosophe peut bien, dans la solitude de son cabinet, écrire, la même année, les pages les plus audacieuses, les plus libres, du *Supplément au Voyage de Bougainville* : quand il s'agit d'établir son enfant, il s'en tient aux principes les plus bourgeois. « *Il ne faut pas* », bien sûr, « *que* [sa] *fille prenne un époux dont elle ne voudrait pas.* » Mais il ne conviendrait pas davantage qu'elle épousât quelqu'un que son père n'accepterait pas comme gendre : « *Il faut qu'elle, sa mère et moi, nous soyons d'accord.* » Certes, plus que la fortune que pourrait apporter l'époux, ce qui importe « *avant tout* » ce sont « *la raison, les mœurs, un état honnête et la santé* ». Diderot néanmoins ne méprise pas les biens de ce monde. Une fois le jeune ménage installé, il multiplie les démarches pour placer Caroillon : « *Je veux*, écrit-il, *qu'une fois Caroillon placé, lui et sa femme soient riches, du moins plus riches que je ne l'ai jamais été.* » Or, depuis la mort de son père, le Philosophe n'était pas pauvre. En 1766, il avouait à Falconet 4.600 livres de rente. Dans une lettre à son frère (25 septembre 1772), il dit être « *un homme qui a plus d'argent qu'il ne lui en faut* ». A sa mort, il laissera plus de 100.000 écus. Écrivant à Mme Caroillon mère, quinze jours après le mariage d'Angélique, il dit sa satisfaction : « *Félicitons-nous réciproquement... Il y a entre nous cette égalité de naissance, d'état et de fortune qu'on ne consulte pas assez souvent, qui met les époux de niveau, et qui prévient entre eux toutes les marques de hauteur et de dédain.* »

Voir sa fille quitter le foyer paternel fut très dur à Diderot : « *Je n'ai plus d'enfant* », soupire-t-il ; « *je suis seul et ma solitude m'est insupportable.* » La compagnie de sa femme n'est pas faite pour soulager sa tristesse : « *Il n'y a plus personne ici. Nous rôdons, Mme Diderot et moi, l'un autour de l'autre ; mais nous ne nous sommes rien.* » Le jeune ménage est installé tout à côté. Diderot y multiplie les visites et les présents. Il écrit à Sœurette : « *Toutes les dépenses que je puis leur épargner, je les leur épargne. Que veux-tu, ma bonne, ce qu'ils auront de mon vivant, ils ne l'auront pas après.* » Ce père tendre devait être, je le crains, un peu indiscret. Ne voilà-t-il pas qu'il se découvre une « *sotte jalousie* » à l'endroit de son gendre ! Il souffre de n'être plus « *tout seul* » aimé de sa fille. Il prend à ce jeune couple un « *intérêt très vif* », trop vif incontestablement, puisqu'il « *tient perpétuellement les yeux ouverts sur leur conduite* » et qu' « *à la moindre petite chose qui* [le] *blesse,* [il] *souffre,* [il se] *plaint, et quelquefois d'une manière qui les chagrine un peu* ». D'une manière qui devait, je présume, impatienter fort le jeune mari. Diderot en vient à juger Caroillon « *un personnage moitié grave, moitié freluquet...* » Il trouve que son gendre est en train de gâter la bonne éducation d'Angélique : « *J'aurais voulu,* soupire-t-il, *que, tandis que le mari serait à ses affaires, la femme fût à son domestique, à ses livres, à son clavecin. Il n'entend pas cela, lui. Il ne sait pas que, quand il lui aura inspiré le goût de la paresse, des fadaises et de la dissipation ; que, quand elle aura tout oublié, qu'elle ne saura que faire seule, qu'elle s'ennuyera chez elle, il faudra qu'elle courre et qu'elle aille où elles vont toutes.* » Angélique fut sage ; un peu plus d'un an après son mariage, elle devint mère. Et Diderot, passant au rang de grand-père, s'intéresse fort à voir grandir sa petite-fille. Il vieillit et comprend maintenant que « *rien n'est plus absurde qu'une vieillesse qui s'agite* ». « *Il faut,* écrit-il bien joliment, *que l'âme du vieillard soit assise dans son corps, comme son corps est assis dans son grand fauteuil. L'âme, le corps et le fauteuil font alors une belle machine bien une... Pour que tout soit bien, il faut que tout soit au repos, jusqu'à ce que la vieille âme déloge du vieux corps, le vieux corps du vieux fauteuil, qui reste, lui, au milieu des enfants, qui y cherchent encore leur bon grand-papa, lorsqu'il n'est plus... Voici mon épitaphe : Il y a longtemps qu'il est mort, et ses enfants le cherchent encore dans son vieux fauteuil.* » Ainsi Diderot rêve de quitter cette vie comme l'avait fait le vieux coutelier de Langres, s'endormant, lui aussi, « *pour ne plus se réveiller, dans un fauteuil, entre son fils, sa fille et quelques-uns de ses amis* ».

Avant d'atteindre à cette sagesse et de goûter cet apaisement, Diderot avait connu la fièvre des plaisirs et traversé la zone dangereuse des passions. Selon Mme de Vandeul, « *il était très dissipateur ; il aimait à jouer, jouait mal et perdait toujours* » ; ses fantaisies en livres, en estampes, pierres gravées, miniatures, lui coûtaient cher. Quant aux aventures amoureuses, Angélique, respectueuse de la mémoire paternelle, affirme que « *les mœurs de* [son] *père ont toujours été bonnes* » ; disant cela, elle lui passe ses maîtresses, le félicitant de n'avoir, « *de sa vie, aimé les femmes de spectacle ni les filles publiques* ». Que, jeune homme, il ait été franchement libertin, lui-même l'avoue à sa Nanette. Décrivant en 1767 un tableau de Lagrenée, *Le chaste Joseph*, il s'étonne du dédain du « *fils de Jacob* » pour la belle femme qui s'offre à lui et il ajoute : « *Je n'en aurais pas demandé davantage ; et je me suis quelquefois contenté de moins.* » Une peinture de Carl van Loo lui inspire, en 1763, ce regret : « *Où est le temps où mes lèvres suivaient sur la gorge de celle que j'aimais ces traces légères qui partaient des côtés d'une touffe de lis et qui allaient se perdre vers un bouton de rose ?* » Mais il a toujours affirmé avoir détesté les amours vénales : « *Ah ! que la Vénus des carrefours m'est hideuse !* » Il raconte gaillardement à sa Sophie deux aventures de ce temps où il était « *jeune et fou* » et comment, par la fuite, il échappa au péril des faveurs offertes par de trop aimables et faciles beautés. En 1773 encore, au cours de son séjour à La Haye, un Juif portugais, qu'il avait connu à Paris, lui proposa une partie de débauche : « *Il a,* écrit Diderot à Mme d'Épinay, *une petite maison où il n'aurait tenu qu'à moi de faire connaissance avec le sexe iduméen, mais ces cours de physique n'ont jamais été de mon goût.* » Contre toute apparence, nous pouvons, me semble-t-il, l'en croire. Quelles que soient les audaces théoriques du *Rêve de d'Alembert*, du *Supplément au Voyage de Bougainville*, la truculence de certaines scènes de *Jacques le Fataliste*, ou la liberté des propos qu'il tient à Mlle Volland, Diderot n'a jamais accepté d'admettre, avec Buffon et d'Alembert, « *qu'il n'y a de l'amour que le physique qui soit bon* ». Dans une lettre à Falconet (juillet 1767), il commente cet aphorisme douteux : « *Je ne puis souffrir en aucune circonstance qu'on mette l'homme à quatre pattes, ni qu'on réduise à quelques gouttes d'un fluide versées voluptueusement la passion la plus féconde en actions criminelles et vertueuses. Je ne puis souffrir qu'on fasse du maître des dieux et des hommes un animal violent, brutal et muet, encore moins un petit sot fade, ambré, musqué, emmiellé. Ce n'est pas cela... Un amant tel que je le connais et que je le suis est un être bien rare.* » Certes il convient, brutalement, qu' « *il y a un peu de testicule au fond de nos sentiments les plus sublimes et de notre tendresse la plus épurée* », mais ce sont ces sentiments et cette tendresse qui, pour lui, donnent à l'amour son véritable prix.

Rien ne nous permet de nous en rendre compte dans sa liaison, assez brève d'ailleurs, avec la vaniteuse et — paraît-il — « *effroyablement laide* » Mme de Puisieux. Quant à l'amour d'automne du Philosophe pour Mme de Meaux, il demeure trop enveloppé d'incertitudes pour qu'on y puisse discerner autre chose qu'un vif dépit de soupirant jaloux, qui se plaint d'être « *traité très légèrement* », — l'inquiétude, aussi, d'un homme de cinquante-sept ans, c'est-à-dire d'un amoureux qui doute de pouvoir encore se faire aimer, — la très réelle souffrance, enfin, d'une nature passionnée et impérieuse.

Mais, pour connaître le Diderot amoureux, il y a les *Lettres à Sophie Volland.* Mme de Vandeul fixe à l'année 1757, alors qu'elle et sa mère firent un séjour à Langres, le début des relations entre Sophie et le Philosophe. Plusieurs textes de la *Correspondance* permettent de remonter jusqu'à l'automne 1755. Mlle Volland était née en 1717 : elle avait donc trente-huit ans, lorsque Diderot s'éprit d'elle. De sa jeunesse, nous ignorons tout. Mais au moment où débute cette liaison, Sophie apparaît comme une demoiselle d'âge un peu mûr, sèche, maladive, portant lunettes, férue de science et de philosophie. Diderot confie à Grimm : « *Quelle femme ! Comme cela est tendre, doux, honnête, délicat, sensé ! Cela réfléchit, cela aime à réfléchir. Nous n'en savons pas plus qu'elle en mœurs, en sentiments, en usages, en une infinité de choses importantes.* » Et Grimm, de son côté : « D'où vous vient, Sophie, cette passion de la philosophie, inconnue aux personnes de votre sexe et de votre âge ? »

On a pu douter que Diderot et Mlle Volland aient été amants. Nous ne possédons certes aucune lettre antérieure à 1759 ; mais s'il est vrai que Sophie a brûlé une partie des lettres du Philosophe, on peut supposer que cette destruction ne fut pas sans cause. D'autre part, pendant plus de trois ans, Diderot rendit à son amie des visites secrètes, à côté de celles qu'il lui faisait en la présence de Mme Volland ou de Mme Le Gendre, sœur de Sophie. Mme Volland surprit, un jour, les amoureux. Elle ne dit rien, mais s'arrangea dès lors à faire faire à sa fille de longs séjours dans un domaine de campagne, au hameau d'Isle-sur-Marne. Diderot se désespéra sur le sort de Sophie : « *On va l'entraîner pour la faire périr d'ennui. Quel avenir !* » Cependant, un raccommodement avec cette mère vigilante intervint. Le Philosophe réussit même à reprendre ses visites clandestines, en usant du « *petit escalier* » qui conduisait sans doute à la chambre de son amie. C'est à

Grimm encore qu'il confie : « *Le petit escalier est tombé. Non, mon ami, il ne l'est pas. On y passe encore quelquefois. Pourvu que les circonstances ne nous trahissent pas !* » Mais, en l'absence même de ces détails assez révélateurs, les nombreuses lettres conservées attestent que cet amour ne demeura sans doute pas platonique. « *Je te baise partout* », écrit Diderot. « *Tu es et tu seras toujours toute belle pour moi.* » Une autre fois, rêvant au retour de Sophie après une longue absence : « *J'éprouve à vous entretenir en ce moment et à l'imaginer un frissonnement dans toutes les parties de mon corps et presque de la défaillance. Ah ! chère amie, combien je vous aime, et combien vous le verrez, lorsque nous serons rendus l'un à l'autre.* » Ailleurs, se comparant à Diogène le cynique, « *mais avec un petit bout de draperie bien ou mal attaché* », il assure : « *Vous avez en moi tous les droits suivant les instants ; mais le Diogène s'en va tous les jours ; dans huit ou dix ans, il n'en restera pas le moindre vestige... Adieu, mon amie !... Je vous désire et vous attends comme à notre première séparation.* » Et comment s'expliquerait-on, si Sophie ne fut pas sa maîtresse, la liberté avec laquelle il lui raconte, par exemple, l'un de ses rêves : « *Quelle nuit que la nuit dernière ! Il y avait longtemps que je ne connaissais ni ce plaisir ni cette douleur. Mais n'est-ce pas une chose bien bizarre que le songe n'offre presque jamais à mon imagination que l'espace étroit et nécessaire à la volupté ? rien autour de cela ; un étui de chair et puis c'est tout. Adieu, ma tendre, mon unique amie ! Rapportez-moi le reste ; venez me faire des jours heureux ; venez me dire que vous m'aimez ; venez me le prouver ; j'ai quelques moments d'impatience : mais ils sont courts ; je sens que jamais ils ne m'entraîneront à rien que je ne puisse vous avouer ; vous êtes et vous serez tout le bonheur de ma vie ; aucun plaisir que ma Sophie ne le partage.* Valeant aliae. *Il n'y en a qu'une pour moi.* » Cette protestation de fidélité, je ne crois pas que Diderot l'eût formulée en pareils termes, si Sophie n'avait, en lui accordant ses faveurs, calmé par des réalités, par des « *preuves* », cette flamme et cette impatience que le Philosophe était tenté d'aller éteindre ailleurs.

Cela dit, empressons-nous de reconnaître que son amour pour Sophie Volland éveille et multiplie en Diderot toutes les puissances de la sensibilité et du cœur. Sans cesse, ce cœur se répand en effusions vertueuses, en tirades lyriques sur le bonheur de la passion amoureuse, en rêves d'un avenir tout dévoué à celle qu'il adore. Les années peuvent passer, l'ardeur du tempérament s'éteindre peu à peu : quelque chose demeure d'immuable, « *parce que les dieux ont donné* [à son amie] *le bon esprit, la droiture, la sensibilité, la franchise, la vertu, la vérité qui ne change point* ». L'ami — car assez vite il dut s'agir plus de l'ami que de l'amant — découvre en lui les mêmes profondeurs d'attachement : « *Je ne sais*, avoue-t-il, *si mon sentiment n'est pas au-dessus de toutes les épreuves de la vie. Oui, je suis content de mon cœur... Ah ! mon amie, l'amour et l'amitié ne sont pas pour moi ce qu'ils sont pour le reste des humains !... L'amour, l'amitié, la religion sont à la tête des plus violents enthousiasmes de la vie.* » Comment ne pas être frappé par cette dernière phrase ! Ce Diderot, conduit à l'athéisme par sa méditation philosophique, le voici qui reconnaît, bien plus : qui célèbre l'enthousiasme religieux, l'associant à celui qu'inspirent et l'amitié et l'amour. Contradiction ? Sans doute, si la pensée d'un homme pouvait être jugée sans un regard sur ces régions profondes du cœur où elle s'enracine. Peut-être cette apparente contradiction fut-elle au centre même de la personnalité de Diderot. Elle lui posa, sa vie durant, un problème dont son œuvre tout entière développe les données et que cette œuvre aussi, sur le plan de la création artistique et de la poésie, s'efforce de résoudre.

J'enrage d'être empêtré d'une diable de philosophie que mon esprit ne peut s'empêcher d'approuver, et mon cœur de démentir.
(A Mme de Meaux, 1769.)

Le Diderot de 1745, celui qui traduit — ou plutôt adapte — l'*Essai sur le mérite et la vertu* de Shaftesbury, part prudemment du *théisme* du philosophe anglais et le distingue avec soin du *déisme* à la Voltaire. Selon Shaftesbury, « le déiste est celui qui croit en Dieu, mais qui nie toute révélation ; le théiste, au contraire, est celui qui est près d'admettre la révélation, et qui admet déjà l'existence d'un Dieu. » Tout ce qui peut être dit du Dieu des *théistes* « *s'appliquera avec un nouveau degré de force à la connaissance du Dieu des chrétiens* ». Le philosophe introduit au temple ; c'est le prêtre qui conduit à l'autel. Mais, dès son bref *Discours préliminaire*, Diderot risque une affirmation où se révèle sa pensée de derrière la tête : « *Le but de cet ouvrage est de montrer que la vertu est* presque *indivisiblement attachée à la connaissance de Dieu.* » Ce *presque* est un aveu involontaire : se servant de Shaftesbury comme d'un bouclier, Diderot va combattre en faveur d'une morale laïque et prendre rang parmi les nombreux agents d'une propagande antichrétienne plus ou moins clandestine et camouflée. Religion et vertu ne sont pas inséparables ; Bayle l'avait montré déjà : il y a des peuples religieux sans vertu et des peuples vertueux sans religion. Et Shaftesbury, suivi par Diderot, affirme : « Il ne paraît pas que l'athéisme ait aucune influence diamétralement contraire à la pureté du sentiment naturel de la droiture et de l'injustice. » Certes, le *théiste* postule l'existence d'une intelligence suprême essentiellement bonne, ordonnatrice d'un univers où tout est pour le mieux ; mais admettre un tel Dieu suppose l'existence de notions du juste et de l'injuste, du vrai et du faux, du bien et du mal, indépendantes de cet Etre suprême et, en quelque sorte, antérieures à lui. Il existe donc une morale naturelle, la « *nature* » étant comprise ici comme l'état originel des créatures. Toute morale religieuse ne sera valable que pour autant qu'elle ne contredit pas à cette loi naturelle inscrite au cœur de l'homme. Une religion qui s'impose par la terreur des châtiments et par l'appât d'une récompense éternelle supprime en l'homme le mérite de la vertu. « *Craindre un Dieu, ce n'est pas avoir pour cela de la conscience.* » Il est des cultes superstitieux, « *dépravés* », plus dangereux que l'athéisme. Si le théiste, lui, est retenu de faire le mal, ce n'est pas par peur d'un Dieu qui le punirait ; c'est que, « *dans la retraite la plus obscure, dans la solitude la plus profonde* », il se sait vu de Dieu et que, sous ce regard, il aurait honte de commettre une action mauvaise. De même, le véritable chrétien n'est pas poussé à bien faire par un calcul intéressé : l'espoir de la vie éternelle n'est pas celui d'une récompense, mais de la contemplation de la suprême Vertu. « *Le chrétien*, écrit Diderot, *jouira de son Dieu.* » Il convient de voir, dans cette phrase de notre philosophe, plus un témoignage de sa prudence — il s'agit de ne pas effaroucher le lecteur — que l'affirmation d'une croyance sincère.

L'essentiel de la doctrine morale de Shaftesbury demeure valable sans la moindre référence à la divinité. Seul est vertueux celui dont les affections et les penchants sont conformes au bien général de l'espèce. Le vice naît du désordre de ces affections : l'intérêt particulier est inséparable de l'intérêt général ; d'où il suit que les affections sociales doivent dominer les affections particulières. Quant au problème du mal, Shaftesbury en donne une solution optimiste. L'univers ayant été créé « pour le mieux », « quelque effet que l'ordre qui y règne ait produit, cet effet ne peut être que bon ». Le malheur, en apparence immérité, qui afflige l'individu, les pires calamités qui puissent l'atteindre ne doivent être regardés que « comme le bonheur d'une patrie moins étroite dont il est membre et dont il doit aimer les avantages en citoyen généreux et fidèle ». Rien là qui soit véritablement nouveau ; mais rien non plus qui ne se retrouve, plus tard, avec des nuances certes, dans l'œuvre personnelle de Diderot. Une note, pourtant, mérite encore de nous retenir. Pour la première fois, nous y entendons Diderot faire l'apologie des passions : « *Nous ressemblons*, écrit-il, *à de vrais instruments, dont les passions sont les cordes.* » (La phrase sera reprise presque textuellement dans l'*Encyclopédie*, article *Affection*.) Et il continue : « *Dans le fou*, [les cordes] *sont trop hautes : l'instrument crie ; elles sont trop basses*

Frontispice des Pensées Philosophiques : *la Vérité enlevant son masque à la Superstition ; celle-ci tient encore son sceptre, mais il est brisé...*

dans le stupide : l'instrument est sourd. » Comment ne pas songer ici au *Neveu de Rameau*?

Les *Pensées philosophiques*, première œuvre vraiment originale de Diderot, et dont le titre même atteste qu'elles veulent être une réfutation de Pascal, se sentent encore de l'influence de Shaftesbury. Même apologie des passions fortes ; même attaque de la superstition, au nom du déisme (Diderot renonce à distinguer entre *déisme* et *théisme*) ; même persuasion que « *le déiste seul peut faire tête à l'athée* ». L'ouvrage, cependant, apparait beaucoup plus audacieux que ne l'étaient les notes de l'*Essai sur le mérite et la vertu*. Il s'ouvre solennellement sur cette courte phrase : « *J'écris de Dieu.* » La pensée LVIII affirme : « *Je suis né dans l'Église catholique, apostolique et romaine, et je me soumets de toute ma force à ses décisions. Je veux mourir dans la religion de mes pères.* » Personne, en 1746, ne se méprit sur ces précautions. Et d'autant moins que, de cette religion de ses pères, Diderot écrit : « *Je la crois bonne autant qu'il est possible à quiconque n'a jamais eu aucun commerce immédiat avec la Divinité, et qui n'a jamais été témoin d'aucun miracle.* » Le Dieu dont le Philosophe entreprend d'écrire est donc bien le Dieu inconnaissable des déistes ; la « *religion* » de Diderot se refuse à admettre et la révélation et les miracles. Discutant de la valeur du témoignage, il affirme : « *Moins un fait a de vraisemblance, plus le témoignage de l'histoire perd de son poids... Tout Paris m'assurerait qu'un mort vient de ressusciter à Passy, que je n'en croirais rien.* » Il refuse aussi de se soumettre à l'autorité des Livres Saints, des Pères, d'accepter l'infaillibilité de l'Église. S'il est une religion, ce ne peut être qu'une religion naturelle, et le vrai christianisme — mais « *croyez-vous qu'il y ait de vrais chrétiens ?* » (XVI) — doit en tout point s'accorder avec la raison : « *Je ne suis pas chrétien parce que saint Augustin l'était ; mais je le suis parce qu'il est raisonnable de l'être.* » (LVII). Cette croyance raisonnable ne peut être établie que par l'examen sans prévention auquel se livre le sceptique. Diderot a bien lu Montaigne. Le sceptique n'est point un pyrrhonien, mais « *un philosophe qui a douté de tout ce qu'il croit et qui croit ce qu'un usage légitime de sa raison et de ses sens lui a démontré vrai* » (XXX). Le scepticisme apparaît ainsi comme « *le premier pas vers la vérité* » (XXXI).

Ce n'est pas dans de telles affirmations qu'il faut chercher le plus neuf et le plus audacieux des *Pensées philo-*

ILS SONT DEVENUS FOUS, EN S'ATTRIBUANT LE NOM DE SAGES. 1 Rom. 22.

Fig. 17.

B.R.

L'INCREDULITÉ PROSCRITE.

LA RELIGION descendant d'enhaut sur un nuage léger foule aux piés la Fausse Philosophie, qui vêtüe d'une longüe peau de bête est terrassée avec ses Livres impies & corrompus dans un marais bourbeux, où se plaisent les sales insectes & les animaux immondes. Sus in volutabro luti. *2 Petri. 2.22. Le Pourceau se veautrent dans la boue. L'Ange tutelaire de la France, Zélateur de la Religion, l'accompagne tenant les attributs de la Justice, la balance & l'epée. Dans le lointain le Palais de la Sagesse divine paroit dans une grande lumiere sur une haute montagne.* (La Lég.) MOROSOPHIA (id est) *Fatua Sapientia* &c signifie *L'IMPIE ET FOLLE SAGESSE FOULÉE AUX PIÉS.* (L'Ex.) *PAR ARREST DU P.^T LES LIVRES DES INCREDULES BRULÉS.* *REGLEMENT* qui defend tous livres contre la Religion, l'Etat, & les bonnes mœurs, à peine d'être poursuivi extraordinairement & puni suivant la rigueur des Ordonnances. *Fait en Parlement toutes les Chambres assemblées, le VI FEVRIER 1759.*

(Le^t. gr.) *le Jeune David tenant la tête coupée de Goliath, ce Blasphemateur de la Divinité, l'expose en triomphe à l'opprobre public.*

L'ECOLE DE L'ERREUR ET DU VICE PROSCRITE

ON voit icy une Carte alphabetique des DOUTES près d'un Globe grouppé avec des livres impies & divers simboles des Passions, le Paon de l'orgueil, le Bouc de la luxure, le Charme de l'Or, des Theatres, des Sons, des odeurs, tous objets des plaisirs des Sens, bonheur materiel du Faux Sage. Rasin ce Trophée d'Athéisme semble aller être devoré par les flames de la Justice qui éclatent sur le devant du Sujet.

sophiques. Diderot prétend s'opposer aux athées ; mais, usant d'une tactique fréquente dans la polémique clandestine antichrétienne, il leur fait la part belle en développant avec éloquence leur matérialisme. Il prétend le réfuter, mais ce n'est plus tout à fait par les arguments du déisme traditionnel. Voltaire l'a bien vu, qui mit en marge de deux exemplaires des *Pensées* des notes où il s'oppose à Diderot. Certes, à l'athée qui se refuse à voir dans la nature l'action d'une intelligence ordonnatrice, Diderot fait contempler l'aile d'un papillon, l'œil d'un ciron : « *L'intelligence d'un premier être* » n'y est-elle pas mieux démontrée que ne l'est « *la faculté de penser dans un philosophe, par ses écrits* » ? « *Songez,* poursuit Diderot, *que je ne vous objectais qu'une aile de papillon, qu'un œil de ciron, quand je pouvais vous écraser du poids de l'univers.* » (XX). Cette fin de phrase est fort belle, mais pas tout à fait rassurante. Et la *pensée* qui suit, la XXIe, la plus originale de toutes, nous montre le philosophe — parlant, il est vrai, au nom de l'athée — acquis déjà à cette idée que la matière et le mouvement pourraient bien, à eux seuls, à travers une infinité de hasards, avoir engendré l'univers. « *Vous voulez bien convenir avec moi,* écrit Diderot, *que la matière existe de toute éternité, et que le mouvement lui est essentiel. Pour répondre à cette faveur, je vais supposer avec vous que le monde n'a point de bornes, que la multitude des atomes était infinie, et que cet ordre qui vous étonne ne se dément nulle part. Or, de ces aveux réciproques, il ne s'ensuit autre chose, sinon que la possibilité d'engendrer fortuitement l'univers est très petite, mais que la quantité des jets est infinie, c'est-à-dire que la difficulté de l'événement est plus que suffisamment compensée par la multitude des jets. Donc si quelque chose doit répugner à la raison, c'est la supposition que la matière s'étant mue de toute éternité, et qu'y ayant peut-être, dans la somme infinie des combinaisons possibles, un nombre infini d'arrangements admirables, il ne se soit rencontré aucun de ces arrangements admirables dans la multitude infinie de ceux qu'elle a pris successivement.* » Le Diderot des *Pensées sur l'interprétation de la nature* et du *Rêve de d'Alembert* fait ici plus que s'annoncer. Il affirme déjà avec force, la thèse essentielle de son évolutionnisme. Ce qui manque pourtant encore au philosophe de 1746, c'est la connaissance des sciences expérimentales. Quoiqu'il prétende établir la vérité sur l'« *usage légitime de la raison et des sens* » il accorde plus de crédit à celle-là qu'à ceux-ci : « *Une seule démonstration*, affirme-t-il, *me frappe plus que cinquante faits... Je suis plus sûr de mon jugement que de mes yeux.* » (L). De telles déclarations méritent d'être retenues: elles nous avertissent que la raison spéculative joue pour lui un rôle plus grand qu'on ne serait tenté de le croire.

Dans la *Promenade du sceptique*, écrite en 1747 (mais publiée seulement en 1830), Diderot reprend et développe à nouveau — sous une forme aimable, où se manifeste pour la première fois son talent de narrateur-romancier — les thèses principales des *Pensées philosophiques*. Décrivant l'Allée des Épines, il y accentue sa critique de la religion chrétienne. Sous le couvert d'une allégorie autant dire transparente, il s'en prend au Dieu de la Bible, à la révélation, aux miracles, à l'ensemble de la hiérarchie ecclésiastique. La foi est désignée comme un « *bandeau* » qui aveugle ceux qui le portent. « *Quant à mon bandeau* », affirme Ariste, ce personnage qui ressemble fort à Diderot, « *il y a longtemps que je m'en suis défait. Soit inconsistance de sa part, soit effort de la mienne, il est tombé.* » L'Allée des Marronniers est le séjour des philosophes, «*peuple naturellement grave et sérieux, sans être taciturne et sévère* ». Pour tenter de persuader, ils « *emploient des raisons* », alors que leurs adversaires de l'Allée des Épines prétendent imposer leurs « *rêveries* » en « *accumulant des fagots* ». Diderot imagine une discussion, d'abord entre un chrétien, c'est-à-dire un « *aveugle* », et le philosophe Athéos. Celui-ci affirme son matérialisme. A quoi bon postuler l'existence de Dieu, si l'univers s'explique par la seule action du mouvement sur une matière éternelle ? A quoi sert de parler d'âme, si elle n'est qu'un effet de l'organisation ? Mais à cet entretien, terminé par une violente rupture, fait suite une paisible conférence des philosophes, qui discutent de la validité des raisons d'Athéos. C'est incontestablement l'endroit le plus important de l'ouvrage. Athéos y apparaît aux prises avec deux contradicteurs principaux : le déiste Philoxène et le spinoziste Oribaze. On dira que Diderot ne prend pas absolument parti ; mais il ne nous en fait pas moins assister à la défaite du déiste. L'athée s'en tient à sa thèse de la « *matière organisée* », d'un arrangement admirable de l'univers par le seul jeu du hasard. Le déiste oppose à cette vue la nécessité d'un Dieu ordonnateur : « *Dans l'univers*, s'écrie-t-il, *rien n'est fait ni placé sans dessein.*[1] » Mais Athéos de protester — et, je crois bien, Diderot avec lui : « *Oh ! toujours du dessein... On n'y peut plus tenir.* » Là-dessus intervient le spinoziste Oribaze. Il affirme qu'Athéos « *n'avait qu'à faire un pas de plus* » pour remporter la victoire. « *Selon moi,* dit-il, *il n'y a aucune raison de croire que l'être corporel soit un effet de l'être intelligent* » (et voilà pour les déistes) ; mais « *l'être intelligent n'est pas non plus un mode de l'être corporel* » (et voilà pour les athées) ; « *il s'ensuit que l'être intelligent et l'être corporel sont éternels, que ces deux substances composent l'univers et que l'univers est Dieu* ». Une telle affirmation ne saurait certes satisfaire un vrai spinoziste, qui ne reconnaîtrait pas la pensée de son maître dans cette distinction de « *deux substances* ». Il n'importe. Le fait demeure que le Diderot de la *Promenade du sceptique* est marqué de spinozisme et que le philosophe d'Amsterdam lui sert à répudier un déisme qui ne réussit plus à lui fournir une explication valable de l'univers.

Le marquis d'Argenson note, dans ses *Mémoires,* sous la date d'août 1749, l'arrestation de Diderot, comme de « quantité d'athées, de savants, de beaux esprits ». « Ils sont, dit-il, accusés d'avoir écrit et imprimé pour le déisme et contre les mœurs. » A lire la *Lettre sur les aveugles,* prétexte de cette arrestation, on constate qu'il en va, en réalité, de tout autre chose — et bien plus grave — que le déisme. L'entretien de l'aveugle Saunderson et du ministre Holmes, partie centrale de la *Lettre,* développe avec une rare éloquence la thèse matérialiste esquissée, dès 1746, dans la XXIe des *Pensées philosophiques,* et reprise par Athéos, au cours des entretiens de l'Allée des Marronniers. Je sais bien que Saunderson mourant est tout près de délirer, comme « rêvera » plus tard d'Alembert ; mais Diderot s'autorise précisément de ce délire et de ce rêve pour risquer ses plus audacieuses réflexions. Après avoir montré, à la suite de Locke et de Condillac, que l'état de nos organes et de nos sens influe sur notre métaphysique et sur notre morale, et fait voir que l'argument déiste, tiré des merveilles de la nature, « *est bien faible pour des aveugles* », Diderot fait dire à Saunderson : « *Si vous voulez que je croie en Dieu, il faut que vous me le fassiez toucher.* » Pourquoi vouloir

1. Ainsi Voltaire, annotant les *Pensées philosophiques,* inscrivait-il en marge de la XXIe : « Il faut un dessein ».

Daviel (1696-1762) fut le premier à réaliser l'opération de la cataracte : « Qui est-ce qui n'a pas connu ou entendu parler du fameux Daviel ? J'ai assisté plusieurs fois à ses opérations », écrit Diderot.

expliquer « *le mécanisme animal* » par l'hypothèse d'un Dieu souverainement intelligent ? « *Si la nature nous offre un nœud difficile à délier, laissons-le pour ce qu'il est, et n'employons pas à le couper la main d'un Être qui devient ensuite un nouveau nœud plus indissoluble que le premier.* » La considération des monstres naturels — et l'aveugle Saunderson en est un — pose un problème que les lumières de Newton, de Leibniz et de Clarke n'arrivent pas à élucider. « *Qui vous a dit* », s'écrie Saunderson, que « *si nous remontions à la naissance des choses et des temps, et que nous sentissions la matière se mouvoir et les choses se débrouiller* », nous ne rencontrerions pas « *une multitude d'êtres informes, pour quelques êtres bien organisés* » ?... « *Je puis vous soutenir*, ajoute-t-il à propos de ces monstres, *que ceux-ci n'avaient point d'estomac et ceux-là point d'intestins, que tels à qui un estomac, un palais et des dents semblaient promettre de la durée, ont cessé par quelque vice du cœur ou des poumons ; que les monstres se sont anéantis successivement ; que toutes les combinaisons vicieuses de la matière ont disparu, et qu'il n'est resté que celles où le mécanisme n'impliquait aucune contradiction importante et qui pouvaient subsister par elles-mêmes et se perpétuer.* » Cela supposé, comment ne pas admettre aussi que, « *si le premier homme eût eu le larynx fermé, eût manqué d'aliments convenables, eût péché par les parties de la génération, n'eût point rencontré sa compagne, ou se fût répandu dans une autre espèce,... cet être orgueilleux..., dissous et dispersé entre les molécules de la matière, serait resté, peut-être pour toujours, au nombre des possibles* » ? Diderot-Saunderson, emporté pour la première fois peut-être par cette admirable imagination métaphysique dont *Le Rêve de d'Alembert* donnera le plus complet exemple, élargit encore les vues qu'il vient ici d'ouvrir. Ce qui est vrai de notre monde animal et humain, pourquoi ne le serait-ce pas aussi des autres univers ? « *Combien de mondes estropiés, manqués, se sont dissipés, se reforment et se dissipent peut-être à chaque instant, dans des espaces éloignés où je ne touche point et où vous ne voyez pas, mais où le mouvement continue et continuera de combiner des amas de matière, jusqu'à ce qu'ils aient obtenu quelque arrangement, dans lequel ils puissent persévérer.* » Que les philosophes se transportent « *sur les confins de cet univers* », « *au-delà du point où* [ils voient] *des êtres organisés et qu'ils disent alors s'ils y trouvent quelques vestiges de cet être intelligent dont* [ils admirent] *ici la sagesse !* » Et le discours de Saunderson s'achève magnifiquement sur cette vision grandiose et résignée : « *Qu'est-ce que ce monde, M. Holmes ? Un composé sujet à des révolutions qui toutes indiquent une tendance continuelle à la destruction ; une succession rapide d'êtres qui s'entresuivent, se poussent et disparaissent ; une symétrie passagère ; un ordre momentané... Vous jugez de l'existence successive du monde comme la mouche éphémère de la vôtre. Le monde est éternel pour vous, comme vous êtes éternel pour l'être qui ne vit qu'un instant. Encore l'insecte est-il plus raisonnable que vous. Quelle suite prodigieuse de générations d'éphémères atteste votre éternité ! quelle tradition immense ! Cependant nous passerons tous, sans qu'on puisse assigner ni l'étendue réelle que nous occupions, ni le temps précis que nous aurons duré. Le temps, la matière et l'espace ne sont peut-être qu'un point.* » A la lecture d'une telle page, si ample de ton et d'un accent si nouveau, on se demande jusqu'à quel point les contemporains de Diderot en saisirent l'importance. Peut-être a-t-il fallu les découvertes d'un Lamarck et l'immense progrès des sciences biologiques au XIXe siècle, pour que les idées prêtées par Diderot au « *délire* » de Saunderson révèlent leur exacte et lointaine portée. L'auteur de la *Lettre sur les aveugles* se garde, d'ailleurs, soigneusement de nous laisser sur l'impression que cet étonnant rêve évolutionniste puisse être le dernier mot de sa doctrine. Saunderson meurt en s'écriant : « *O Dieu de Clarke et de Newton, prends pitié de moi !* » Et la lettre s'achève sur un aveu de scepticisme — qui est, ici, une précaution : « *Que savons-nous ? Ce que c'est que la matière ? nullement ; ce que c'est que l'esprit et la pensée ? encore moins ; ce que c'est que le mouvement, l'espace et la durée ? point du tout.* » A Voltaire, qui défend contre Saunderson la thèse déiste, Diderot, dans une lettre fameuse, répond, le 11 juin 1749 : « *Le sentiment de Saunderson n'est pas plus mon sentiment que le vôtre.* » « *Mais,* ajoute-t-il immédiatement, *ce pourrait bien être parce que je vois... C'est ordinairement pendant la nuit que s'élèvent les vapeurs qui obscurcissent en moi l'existence de Dieu ; le lever du soleil les dissipe toujours.* » A cette date, Diderot rejette encore les conséquences extrêmes de son matérialisme. Il refuse de professer un athéisme radical. Comme l'Oribaze de la *Promenade du sceptique,* il pencherait plutôt au spinozisme.

La preuve, c'est que la *Lettre à Voltaire* reprend, presque mot pour mot, les arguments par lesquels, s'opposant à Athéos, Oribaze concluait « *que l'univers est Dieu* ». Mais, de toute évidence, et compte tenu de la coexistence, dans l'esprit de Diderot, de tendances diverses assez difficiles à concilier, son spinozisme est une étape de l'évolution intérieure qui, peu à peu, le conduit au matérialisme.

Dira-t-on qu'en 1753-54, au moment où il publie son essai *De l'interprétation de la nature*, il a franchi le pas ? Je crois qu'on peut l'affirmer. Et cela malgré les précautions de la brève épître dédicatoire : « *Aie toujours présent à l'esprit que la* Nature *n'est pas* Dieu *; qu'un* homme *n'est pas une* machine *; qu'une* hypothèse *n'est pas un* fait. » De même, Diderot ne nous persuade pas, lorsqu'il prétend « *rejeter* » les conséquences extrêmes des idées exposées par Maupertuis dans sa *Dissertatio de universali naturae systemate.* Ces idées, il prétend les trouver « *effrayantes* » ; ce qui ne l'empêche pas de les développer, en insistant sur leur « *fécondité* », et en y voyant « *la tentative d'un grand philosophe* ». Nulle part, dans les *Pensées sur l'interprétation de la nature*, la thèse déiste n'est opposée sérieusement au matérialisme ; bien au contraire, Diderot se livre à une violente sortie contre les causes finales. Le naturaliste, qui cherche non à édifier mais à instruire, doit renoncer au *pourquoi* et ne s'occuper plus que du *comment.* Cela dit, il apparaît bien difficile de prendre au sérieux notre philosophe lorsqu'il écrit : « *La question,* pourquoi il existe quelque chose, *est la plus embarrassante que la philosophie puisse se proposer ; il n'y a que la Révélation qui y réponde.* » Et d'autant plus que Diderot risque cette phrase ironique : « *La religion nous épargne bien des écarts et bien des travaux.* » Et que penser, enfin, de la *Prière* sur laquelle se termine l'ouvrage : « *O Dieu ! je ne sais si tu es... Le cours des choses est nécessaire par lui-même, si tu n'es pas ; ou par ton décret, si tu es. J'espère à tes récompenses dans l'autre monde, s'il y en a un...* » M. Mornet a sans doute raison de voir dans les *si* de cette prière une hésitation qui n'est plus qu'une négation reculant devant les mots.

Une chose frappe, lorsqu'on lit les *Pensées sur l'interprétation de la nature*, en les comparant aux ouvrages précédents de Diderot : c'est à quel point s'est accrue, en quelques années, sa connaissance des sciences naturelles; c'est le rôle désormais attribué par lui à l'expérience,

— cette expérience qu'évoquait, dès 1748, un chapitre fameux des *Bijoux indiscrets*. En fait, les *Pensées sur l'interprétation de la nature* sont d'abord une méthodologie des sciences, où l'auteur, avec une assurance peut-être excessive, laisse entendre que, si nos connaissances demeurent encore si incertaines, si « *les sciences ont fait si peu de progrès* », la faute en est aux sciences abstraites qui « *ont occupé trop longtemps les meilleurs esprits* ». L'avenir est à la « *philosophie expérimentale* ». Elle avance « *les yeux bandés, marche toujours en tâtonnant, saisit tout ce qui lui tombe sous les mains, et rencontre à la fin des choses précieuses* ». L'autre philosophie, « *la philosophie rationnelle* », « *recueille ces matières précieuses, et tâche de s'en former un flambeau ; mais ce flambeau prétendu lui a, jusqu'à présent, moins servi que le tâtonnement à sa rivale ; et cela devait être* ». Il va de soi que Diderot ne méconnaît pas le rôle nécessaire de l'hypothèse constructive dans la recherche scientifique. Son tempérament l'entraînait plutôt aux généralisations aventureuses et jamais il ne s'astreignit aux travaux patients du laboratoire. Selon lui, ce qui préside aux grandes découvertes scientifiques, c'est un « *instinct* », une sorte de « *pressentiment qui a le caractère de l'inspiration* ». Il s'agit d'un véritable « *délire philosophique* » ; et si l'on voit bien ce qu'offre de dangereux pareille attitude, on doit néanmoins reconnaître que, dans l'histoire des sciences, elle se révéla souvent féconde. Plus prudemment, Diderot écrira plus tard, dans sa *Réfutation* d'Helvétius : « *Fait-on des expériences au hasard ? L'expérience n'est-elle pas souvent précédée d'une supposition, d'une analogie, d'une idée systématique, que l'expérience confirmera ou détruira ?* »

Au centre de l'essai *De l'interprétation de la nature*, Diderot développe ce qu'il donne pour une critique de l'hypothèse de Maupertuis. Celui-ci, sous le nom du docteur Baumann, ne reconnaissait qu'un être, « *l'être corporel* », doué « *de désir, d'aversion, de mémoire et d'intelligence* ». Tout l'univers vivant s'expliquait ainsi à partir de la molécule primitive, s'épanouissant en « *une infinité d'êtres émanés d'un premier être* ». Prétendant dénoncer « *les terribles conséquences* » de cette hypothèse, Diderot se plaît, en réalité, à les souligner et à montrer « *le monde semblable à un grand animal* ». Il cherche certes à atténuer la portée de cette thèse matérialiste en faisant une distinction entre la « *matière vivante* » et la « *matière morte* »,

G.L. Cte DE BUFFON
de l'Académie Française de celle des Sciences &c. &c.
Dédié à Monsieur son Fils
Par son très humble et très Obéissant Serviteur A. Pujos

celle-ci ne jouissant que d'une « *sensibilité sourde* » et « *mille fois moindre* » que celle dont sont doués les animaux. Ce correctif ne le retient pas, d'ailleurs, à la fin de l'ouvrage, de développer des vues évolutionnistes où, en définitive, s'abolit la distinction qu'il vient de faire : « *Comment,* s'écrie-t-il, *se peut-il faire que la matière ne soit pas une, ou toute vivante, ou toute morte ? La matière vivante est-elle toujours vivante ? Et la matière morte est-elle toujours et réellement morte ?* » C'est là une des questions que d'Alembert posera dans son *Rêve* ; c'est le « *paradoxe* » que Diderot développera si plaisamment au cours d'une des soirées au Grandval. Et déjà se formule la majestueuse hypothèse transformiste par laquelle le Philosophe, à la suite de Maupertuis et de Buffon, devance les acquisitions scientifiques du XIXe siècle : « *De même que dans les règnes animal et végétal, un individu commence, pour ainsi dire, s'accroît, dure, dépérit et passe, n'en serait-il pas de même des espèces entières ?... Le philosophe abandonné à ses conjectures ne pourrait-il pas soupçonner que l'animalité avait de toute éternité ses éléments particuliers, épars et confondus dans la masse de la matière ; qu'il est arrivé à ces éléments de se réunir, parce qu'il était possible que cela se fît ; que l'embryon formé de ces éléments a passé par une infinité d'organisations et de développements ; qu'il a eu, par succession, du mouvement, de la sensation, des idées, de la pensée, de la réflexion, de la conscience, des sentiments, des passions, des signes, des gestes, des sons, des sons articulés, une langue, des lois, des sciences et des arts ; qu'il s'est écoulé des milliers d'années entre chacun de ces développements ; qu'il a peut-être encore d'autres développements à subir et d'autres accroissements à prendre, qui nous sont inconnus ; qu'il a eu ou qu'il aura un état stationnaire ; qu'il s'éloigne ou qu'il s'éloignera de cet état par un dépérissement éternel, pendant lequel ses facultés sortiront de lui comme elles y étaient entrées ; qu'il disparaîtra pour jamais de la nature, ou plutôt qu'il continuera d'y exister, mais sous une forme et avec des facultés tout autres que celles qu'on lui remarque dans cet instant de la durée ?* »

Des *Pensées sur l'interprétation de la nature* au *Rêve de d'Alembert* seize ans s'écoulent pendant lesquels, mis à part certains des articles qu'il donne à l'*Encyclopédie*, Diderot ne publie aucun ouvrage consacré uniquement à des problèmes philosophiques. Et, dans l'*Encyclopédie*, surtout après la révocation du *Privilège*, en 1759, il est tenu à une assez grande prudence : on s'en aperçoit, par exemple, à lire les articles *Liberté*, *Philosophie*, *Spinoza*. Quant au *Rêve de d'Alembert*, il ne fut imprimé, on le sait, qu'en 1830. Quelques copies en circulèrent, au moment où Diderot le composa (1769), mais l'œuvre, jugée décidément trop libre, souleva la réprobation de Mlle de l'Espinasse et de d'Alembert lui-même. Le Philosophe, lui, était content de cette « *folie* » : « *Cela est*, écrit-il à Mlle Volland, *de la plus haute extravagance, et tout à la fois de la philosophie la plus profonde.* » Il y reconnaît, certes, « *des vues ébauchées, des conjectures trop hardies, des preuves trop faibles et un désordre poussé fort au-delà du libertinage de la conversation* » ; cependant, dit-il encore, « *il restera peu de chose à savoir dans ce genre de métaphysique à celui qui aura la patience de relire* [ces dialogues] *deux ou trois fois et de les entendre* ».

Diderot a raison : *Le Rêve de d'Alembert* porte à son expression à la fois la plus vivante et la plus profonde la pensée métaphysique déjà développée, de façon plus didactique, dans l'essai *De l'interprétation de la nature.* Il affirme, dès le début, l'unité substantielle de l'univers et la vanité de toute explication d'ordre théologique : Dieu est « *un Être dont je n'ai pas la moindre idée* », « *un Être difficile à admettre* ». Se référant aux travaux scientifiques de Haller, de Bordeu, de Tremblay, de beaucoup d'autres encore, mais les interprétant librement, Diderot développe — avec quelle audace ! — une explication des origines de la vie. Il pose l'hypothèse de la sensibilité générale de la matière et, du minéral au végétal, puis à l'animal, puis à l'homme, — c'est-à-dire de la « *matière morte* » à la « *matière vivante* », — il voit se former et s'élever tous les êtres de la nature, la différence n'étant, entre eux, que dans la complication croissante de l'organisation. A d'Alembert rêvant, Diderot prête son propre don de visionnaire, aux yeux de qui la nature déroule la prodigieuse évolution des espèces. Devant cet écoulement infini des phénomènes, que le philosophe se garantisse de ce « *sophisme de l'éphémère* », auquel déjà faisait allusion Saunderson mourant : illusion « *d'un être passager qui croit à l'immortalité des choses* » ! Et d'Alembert-Diderot, emporté par son rêve, va plus loin encore : « *Tous les êtres circulent les uns dans les autres, par conséquent toutes les espèces... Tout est en un flux perpétuel... Que voulez-vous donc dire avec vos individus ? Il n'y en a point... Il n'y a qu'un seul grand individu, c'est le tout... Qu'est-ce qu'un être ? La somme d'un certain nombre de tendances... Et les espèces ? Les espèces ne sont que des tendances à un terme commun qui leur est propre... Et la vie ? La vie est une suite d'actions et de réactions... Vivant, j'agis et je réagis en masse... Mort, j'agis et je réagis en molécules... Naître, vivre et passer, c'est changer de formes.* » C'est là sans doute l'un des textes les plus importants pour qui veut sentir — plus encore que comprendre — où aboutit la méditation métaphysique de Diderot. Rien, ici, de l'athéisme doctrinaire professé au même moment par d'Holbach, dans son *Système de la Nature*. Le matérialisme expérimental

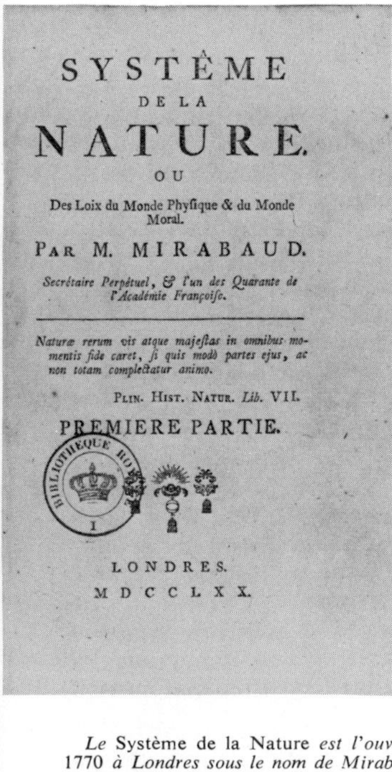

SYSTÈME
DE LA
NATURE.
OU
Des Loix du Monde Physique & du Monde Moral.
PAR M. MIRABAUD.
Secrétaire Perpétuel, & l'un des Quarante de l'Académie Françoise.

Naturæ rerum vis atque majestas in omnibus momentis fide caret, si quis modò partes ejus, ac non totam complectatur animo.

PLIN. HIST. NATUR. *Lib.* VII.

PREMIERE PARTIE.

LONDRES.
M D C C L X X.

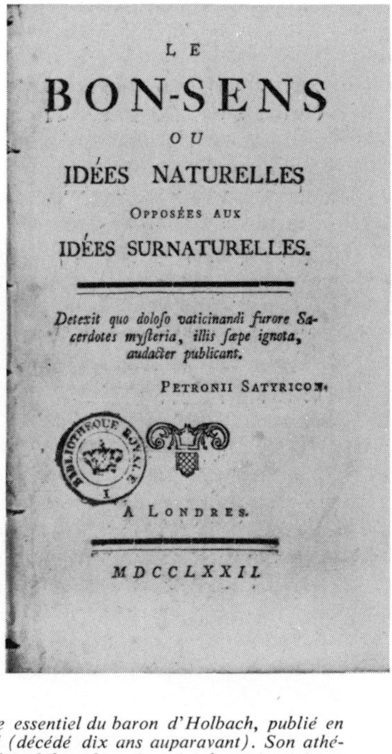

LE
BON-SENS
OU
IDÉES NATURELLES
OPPOSÉES AUX
IDÉES SURNATURELLES.

Detexit quo doloso vaticinandi furore Sacerdotes mysteria, illis sæpe ignota, audacter publicant.

PETRONII SATYRICON.

A LONDRES.
MDCCLXXII.

Le Système de la Nature *est l'ouvrage essentiel du baron d'Holbach, publié en 1770 à Londres sous le nom de Mirabaud (décédé dix ans auparavant). Son athéisme résolu souleva des polémiques parmi les philosophes. Au sujet de cet ouvrage et de son résumé dans* Le Bon Sens *— également publié à Londres* (1772) *— Diderot écrivait : « J'aime une philosophie claire, nette et franche telle qu'elle est dans le* Système de la Nature *et plus encore dans* Le Bon Sens. »

de Diderot se fonde certes, et nous l'avons noté, sur les résultats des recherches scientifiques contemporaines ; mais, emporté par sa vision, le Philosophe superpose à l'univers réel dont il prétend expliquer l'organisation un univers infiniment plus vaste, région de mystère et d'émerveillements, où se manifeste, dans l'écoulement et les transformations incessantes des êtres, l'immanence divine de la Vie. On l'a justement fait remarquer : ce Diderot qui, en 1746, publiant son premier ouvrage, s'attaquait à Pascal, le voici qui retrouve, cent ans après la publication des *Pensées*, « le sens de la poésie cosmique[1] ». D'autres œuvres de Diderot : *Jacques le Fataliste*, l'*Entretien avec la Maréchale*, rediront sa profession de foi matérialiste ; aucune ne dépassera en puissance expressive, et par le frémissement quasi religieux de l'accent, *Le Rêve de d'Alembert*.

Le monde de Diderot est celui de l'universelle et inéluctable nécessité : monde régi par un déterminisme absolu. Dès lors qu'est affirmée l'unité de la substance, toute vie — spirituelle, morale — n'est plus que le résultat d'une organisation complexe de la matière. En 1749 déjà, au lendemain de la publication de la *Lettre sur les aveugles*, le Philosophe le laissait entendre à Voltaire : « *Il n'est nullement* [important] *de croire ou de ne pas croire en Dieu...* [Les athées] *disent que tout est nécessité ; selon eux, un homme qui les offense ne les offense pas plus librement qu'une tuile qui se détache et qui leur tombe sur la tête ; mais ils ne confondent point ces causes ; et jamais ils ne s'indignent contre la tuile.* » La *Lettre à Landois*, en 1756, précise cette pensée : « *Le mot* liberté *est un mot vide de sens... il n'y a point et il ne peut y avoir d'êtres libres ; ...nous ne sommes que ce qui convient à l'ordre général, à l'organisation, à l'éducation et à la chaîne des événements... On ne conçoit non plus qu'un être agisse sans motif, qu'un des bras d'une balance agisse sans l'action d'un poids, et le motif nous est toujours extérieur, étranger, attaché ou par une nature ou par une cause quelconque, qui n'est pas nous.* » La conséquence à tirer de cette affirmation est nette :

1. Paul Vernière : Introduction au *Rêve de d'Alembert* (Société des textes français modernes), p. LXVIII.

« *S'il n'y a point de liberté, il n'y a point d'action qui mérite la louange ou le blâme ; il n'y a ni vice ni vertu, rien dont il faille récompenser ou châtier.* »

Voilà qui, semble-t-il, doit ruiner toute morale, ou du moins toute prédication de vertu. Et pourtant — Diderot l'avoue lui-même — son « *tic* », « *c'est de moraliser* ». Il a la « *passion* » de la morale. Aucune héroïne de roman n'est plus chère à son cœur que la touchante Clarisse Harlowe. Il multiplie, dans ses épîtres à Sophie, les hymnes à la vertu. En peinture, aucun artiste ne lui plaît mieux que Greuze, parce qu' « *il donne des mœurs à l'art* ». Dorval (c'est-à-dire lui-même) « *était triste dans sa conversation et dans son maintien, à moins qu'il ne parlât de la vertu, ou qu'il n'éprouvât les transports qu'elle cause à ceux qui en sont fortement épris. Alors vous eussiez dit qu'il se transfigurait.* » A son frère l'abbé, qui lui reproche son impiété, il rétorque : « *Les mœurs, les mœurs, cher abbé, voilà la seule chose sur laquelle il soit permis aux hommes de nous juger.* » Plus il avance en âge, plus le souci de la respectabilité se fait en lui exigeant. A propos, précisément, du *Rêve de d'Alembert*, il supplie un correspondant de lui garder le secret sur cette dangereuse production : si elle était divulguée, elle nuirait à « *la juste opinion qu'on a conçue de* [ses] *mœurs* ». Il précise, sur ce point, « *qu'il est une doctrine spéculative qui n'est ni pour la multitude, ni pour la pratique, et que si, sans être faux, on n'écrit pas tout ce qu'on fait, sans être inconséquent, on ne fait pas tout ce qu'on écrit.* »

Quoi que Diderot puisse dire, il est difficile de ne pas voir une inconséquence entre son matérialisme théorique et sa « *pratique* » moralisatrice. Si la liberté « *est un mot vide de sens* » et la morale un résultat de l'organisation, le comportement humain apparaît totalement déterminé par la satisfaction des besoins primordiaux de l'espèce : « *C'est du désir que naît la volonté.* » La seule morale acceptable est celle qui pousse l'individu à rechercher le plaisir et à fuir la douleur. Les *Éléments de physiologie* ne nous laissent aucun doute : « *Le désir est fils de l'organisation. Le bonheur et le malheur, fils du bien-être et du mal-être. On veut être heureux. Il n'y a qu'une passion, celle d'être heureux. Elle prend différents noms, selon les objets ; elle est vice et vertu, selon sa violence, ses moyens et ses effets.* » De tels principes peuvent mener loin, et Diderot, du moins quand il formule pour lui seul ou pour ses familiers sa « *doctrine spéculative* », ne laisse pas de faire, dans ce sens, un grand bout de chemin. Qu'on lise, dans *Le Rêve de d'Alembert*, la « Suite de l'entretien » : il y a là « *cinq ou six pages* » que Diderot s'était juré de ne jamais montrer à son amie, car elles eussent été « *capables* », dit-il, « *de* [lui] *faire dresser les cheveux* ». Pages, en effet, contre la chasteté, écrites pour justifier en nature et le plaisir solitaire et l'homosexualité : « *Tout ce qui est*, conclut le Philosophe, *ne peut être ni contre nature ni hors de nature.* » Qu'on écoute aussi le neveu de Rameau développer sa théorie spécieuse des « *idiotismes* » en morale. Il parle de cette vertu qu'« *on loue* » mais que « *l'on hait* », que « *l'on fuit* » : *Elle gèle de froid et, dans ce monde, il faut avoir les pieds chauds.* » Il fait l'éloge du libertinage, où il voit un moyen d'atteindre à certaines vérités : « *On est dédommagé de la perte de son innocence par celle de ses préjugés.* » Préjugés que la pudeur, la fidélité en amour, le mariage ! Ces « *deux êtres de chair* » qui « *attestent de leur constance un ciel qui n'est pas un instant le même* », ne faut-il pas leur faire entendre cette fable de la gaine et du coutelet que Jacques le Fataliste narre si gaillardement et leur démontrer que c'est « *folie* » de vouloir, par serment, s'en tenir à un seul coutelet et à une seule gaine ? L'essentiel du *Supplément au Voyage de Bougainville* est consacré à soutenir la même thèse. Le sauvage Orou contredit avec une rare éloquence les préceptes de morale chrétienne de l'aumônier : « *préceptes*

« Bienfaisance d'une famille sauvage envers des Français » *Gravure de J.-B. Simonet, d'après Moreau le Jeune, pour le Tome IV de l'*Histoire philosophique du Commerce des Européens dans les Deux-Indes, *par l'abbé Raynal* (1780).

singuliers » opposés à la nature et contraires à la raison ; ils sont faits « *pour multiplier les crimes* » — et Diderot le fait voir, d'autre part, dans les récits dialogués qu'il compose au même moment que le *Supplément* : *Sur l'inconséquence du jugement public* et *Ceci n'est pas un conte*. Pour le Tahitien Orou, la fidélité en amour est « *contraire à la loi générale des êtres* » ; il est absurde d'y contraindre par des prescriptions religieuses : « *Tu es en délire*, dit-il à l'aumônier, *si tu crois qu'il y ait rien, soit en haut, soit en bas, dans l'univers, qui puisse ajouter ou retrancher aux lois de la nature.* » Et, commentant ces paroles, l'un des personnages du dialogue affirme, — ce qui nous ramène aux thèses du *Rêve de d'Alembert* : « *Vices et vertus, tout est également dans la nature.* » Entendons-le bien ! il faut lire, ici : ce que nous désignons *improprement* par les termes de « vices et vertus »... L'homme naturel, selon Diderot, ignore cette indéfendable distinction, et le principe de notre misère de « *civilisés* », c'est d'avoir « *introduit au dedans de cet homme un homme artificiel* ». Ainsi « *s'est élevée dans la caverne une guerre civile qui dure toute la vie* ». Mais il arrive que sous l'effet de certaines circonstances — la misère, la maladie — l'homme naturel soit ramené « *à sa première simplicité* ». Ainsi en va-t-il de Rameau le neveu. Il se peut aussi que, chez certains individus, la « *fibre* » soit mieux tendue, plus résistante. Alors apparaît l'homme de génie, dont le neveu de Rameau affirme qu'il est toujours en désaccord avec la société, ne sachant « *ce que c'est d'être citoyen, père, mère, frère, parent, ami* ». Alors se manifeste aussi, tel un animal de proie, le grand criminel. Et Diderot, en maintes occasions, avoue qu'il ne hait pas les grands crimes ; il décèle « *entre les grandes et sublimes actions et les grands crimes un même caractère d'énergie* ». « *Si un homme*, ajoute-t-il, *n'était pas capable d'incendier une ville, un autre homme ne serait pas capable de se précipiter dans un gouffre pour la sauver. Si l'âme de César n'eût pas été possible, celle de Caton ne l'aurait pas été davantage. L'homme est né citoyen tantôt du Ténare, tantôt de l'Olympe ; c'est Castor et Pollux ; un héros, un scélérat ; Marc-Aurèle, Borgia :* diversis studiis ovo prognatus eodem. » Cette apologie des passions fortes, d'une énergie de nature suscitant également des actes qui ne peuvent être dits vertueux ou vicieux que par leurs effets sociaux, constitue l'un des thèmes essentiels de la prédication morale de Diderot.

Mais l'homme vit en société. Poussée à ses extrêmes conséquences, la morale individuelle — à supposer que l'individu puisse ainsi être isolé du groupe — aboutirait chez notre Philosophe à un total amoralisme ou à une morale de la violence. Diderot n'ignore pas les difficultés où l'entraîne son déterminisme, sa négation de toute liberté. Sans cesse, à travers les dialogues du *Neveu de Rameau* et de *Jacques le Fataliste*, on le voit se débattre à la recherche d'une solution qui le satisfasse. Mais on constate que, ni dans l'un ni dans l'autre cas, il ne réussit à s'en tirer. Il sait, je crois, qu'en réalité, sur le plan philosophique où il s'est placé — surtout dans *Jacques*, dans *Le Rêve de d'Alembert* — la contradiction est insoluble. Aussi, plus modestement, tente-t-il de se formuler une morale pratique, — nécessaire à la vie en société mais difficile, sinon impossible, à accorder avec un rigoureux déterminisme.

La *Lettre à Landois*, dès 1756, nous renseigne. Il n'y a ni vice ni vertu ; mais alors, « *qu'est-ce qui distingue donc les hommes ? — La bienfaisance et la malfaisance* ». L'homme vertueux ne mérite nulle louange : sa vertu n'est qu'une heureuse disposition de nature, « *une bonne fortune* ». L'homme vicieux ne mérite pas davantage d'être blâmé : il est poussé au mal par son organisation. Sans doute la nature elle-même jusqu'à un certain point punit l'excès auquel se livre le vicieux. Le neveu de Rameau le reconnaît, lorsqu'il montre la débauche et la crapule conduisant à la maladie. Mais nous ne savons que trop ce qu'offre de chanceux une telle répression du vice. Il y a des méchants que la nature laisse outrageusement prospérer et des vertueux qu'elle accable de maux immérités. C'est à la société, en définitive, qu'il appartient d'encourager le bienfaisant et de réprimer les entreprises du malfaisant ; car — et c'est un point essentiel de la doctrine de Diderot — quoique l'homme ne soit pas libre, il « *n'en est pas moins un être qu'on modifie* » : « *C'est par cette raison qu'il faut détruire le malfaisant sur une place publique. De là les bons effets de l'exemple, des discours, de l'éducation, du plaisir, de la douleur, des grandeurs, de la misère, etc. ; de là une sorte de philosophie pleine de commisération, qui attache fortement aux bons, qui n'irrite non plus contre le méchant que contre un ouragan qui nous remplit les yeux de poussière.* » L'honnête homme, tout bien pesé, fait le meilleur calcul. Entre les deux tendances naturelles, dont l'une le pousse vers le bien et l'autre vers le mal, il prend parti. Et très vite il voit les « *avantages* » que lui procure la vertu, les « *inconvénients* » qu'elle lui fait éviter. Il veut être heureux ; mais comment l'être, si l'on n'est pas aimé, estimé, considéré ? Or l'amour, l'estime, la considération « *sont attachés à la bienfaisance* ». Le méchant, « *déshonoré dans une société* », peut bien prétendre à « *passer dans une autre* », où il se procurera « *les honneurs de la vertu* ». « *Erreur !* » s'écrie Diderot ; « *est-ce qu'on cesse d'être méchant à volonté ?... Le pli est pris ; il faut que l'étoffe le garde.* »

Fondée sur le principe égoïste du plaisir et sur la recherche du bonheur, la morale de Diderot, introduisant la notion de « *bienfaisance* », s'élargit en une morale altruiste, que formulent d'ailleurs, au même moment, et Voltaire, et l'*Encyclopédie*, et d'Holbach, et Helvétius. Le droit individuel au bonheur implique qu'on ne nuise pas au bonheur d'autrui. Qu'on lise, dans l'*Encyclopédie* précisément, l'article *Société* (il fut rédigé par Diderot) : on y trouvera les précisions souhaitables sur ce point. Il suffit d'en citer ici ce bref passage : « *Toute l'économie de la société humaine est appuyée sur ce principe général et simple : Je veux être heureux ; mais je vis avec des hommes qui, comme moi, veulent être heureux également, chacun de leur côté ; cherchons le moyen de procurer notre bonheur, en procurant le leur, ou du moins sans y jamais nuire.* » Puisque l'homme peut être modifié, cette morale s'enseignera ; de là l'importance de l'instruction et de l'éducation. Mais comme tous les hommes n'acceptent pas spontanément de sacrifier à l'intérêt des autres — c'est-à-dire en définitive au bien général — leur intérêt particulier, il convient à la société d'instituer une bonne police et de prévoir les moyens de réprimer les entreprises corruptrices, funestes à l'ordre social, des méchants.

Dans l'*Essai sur les règnes de Claude et de Néron*, Diderot déclare : « *Il n'appartient qu'à l'honnête homme d'être athée.* » On voit comment cet aphorisme doit être compris. Le méchant qui nie l'existence de Dieu « *est juge et partie* » : il craint un vengeur de ses mauvaises actions. L'honnête homme, au contraire, s'il est athée, manifeste qu'il n'est pas poussé au bien par l'espoir des rémunérations éternelles. Vertueux, il l'est pour la vertu même, qui ne lui « *mérite* » rien, mais dont l'exercice exalte en lui le sentiment le plus doux. Certes Diderot sait bien qu'il y a là encore, pour un philosophe qui professe un universel déterminisme, une « *espèce de vanité* » ; car « *tout ce que nous faisons, c'est pour nous* », et « *nous avons l'air de nous sacrifier, lorsque nous ne faisons que nous satisfaire* ». Cependant, se sacrifier est une expérience qui ennoblit l'homme : « *On en prend à ses propres yeux tant de grandeur et de dignité !* » Mais qu'on ne parle pas à Diderot d'une morale religieuse : « *Il ne faut ni prêtres ni dieux.* » Il sait trop les funestes effets de toute morale ascétique : son frère le chanoine lui donne l'exemple d'un honnête homme fanatisé par la religion. Et le roman de *La Religieuse* fait voir à quelles aberrations, à quelles injustices criminelles peut conduire l'institution monastique. A la racine de l'anticléricalisme

Le médaillon ci-contre provient du frontispice des Réflexions d'un Franciscain avec une lettre préliminaire adressée à Monsieur xxx [Diderot], auteur en partie du Dictionnaire encyclopédique. *Il représente Diderot fuyant la plume en main, flagellé par le bras d'un cordelier qui tient le cordon de saint François, et enjambant dans sa fuite un gros volume où l'on peut lire :* Aristotélisme.

de Diderot, il me semble voir bien plus une réaction de son sentiment moral qu'une absolue négation métaphysique. Dès l'*Essai sur le mérite et la vertu*, il s'exclamait : « *Comme s'il fallait cesser d'être homme pour se montrer religieux !* » Et c'est à cet humanisme que, de plus en plus, au fur et à mesure que les années s'écoulent et que son expérience de la vie s'enrichit, il en revient. Dans le *Salon de* 1769, il s'emporte avec violence contre ceux qui négligent d'inculquer à l'enfant le sentiment du devoir et le détournent d'écouter cette voix de la conscience, qui parle en lui « *bien plus sûrement* » que par la bouche des prêtres : « *Je regrette l'enfer*, s'écrie-t-il, *pour les abominables corrupteurs de ces enfants-là... Je souffre mortellement de ne pouvoir croire en Dieu. Ah Dieu ! souffrirais-tu et les monstres qui nous dominent et ceux qui les ont formés, si tu étais quelque chose de plus qu'un vain épouvantail des nations !* » Et, dans l'*Essai sur les règnes de Claude et de Néron*, presque au terme de sa vie, il fait cette déclaration — dont il convient, je crois, de souligner la portée : « *C'est la religion politique que je déteste, parce qu'elle doit à la longue corrompre la philosophie et la vraie religion.* »

En 1767 — il avait cinquante-quatre ans — Diderot faisait, dans son *Salon*, à propos de Vernet, une longue et admirable digression où il opposait la morale propre aux artistes et la morale usuelle. Il s'inspirait, en réalité, de sa propre expérience : « *Se jeter dans les extrêmes*, écrivait-il, *voilà la règle du poète. Garder en tout un juste milieu, voilà la règle du bonheur.* » Il n'était guère l'homme du juste milieu ; et peut-être le plus original, le plus attirant dans son attitude morale, fut-il qu'en dépit de tous ses principes théoriques et de tous les conseils qu'il donna, il ne put se retenir de « *faire de la poésie dans* [sa] *vie* ». Il a beau prétendre qu'à cinquante ans on ne souhaite plus que de mener la vie bourgeoise, égoïste et respectée, de M. Baliveau — le personnage de Piron dans sa *Métromanie* : jamais il ne se satisfit de ce plat bonheur. Il aimait trop les « *fanatiques* », se montrait trop curieux d'originaux semblables à Rameau le neveu, admirait trop les « *passions fortes* » et l'enthousiasme vertueux, pour n'avoir pas échappé en quelque façon, par la vigueur de son tempérament et l'impétuosité de son génie, à la stricte discipline de la morale altruiste et égalitaire qu'il prêchait. Dans la société où il vit, il demeure — autrement que Rousseau certes, mais très réellement — un inadapté. Les *Lettres* à Sophie Volland, celles à Grimm et à Mme d'Épinay l'attestent à maintes reprises. Il parle de sa « *sauvagerie* », et, dans le « *brave* » que ses amis, à de certaines heures, voient en lui, il sait bien qu'il est plus juste de découvrir « *un poltron révolté* ». Dans les salons, il se sent « *presque toujours tout près du ridicule..., fait pour tomber dans tous les trous qui se présentent* ». Imaginons une société autre, régie plus que celle du XVIIIe siècle par cet égalitarisme moral que le philosophe préconise lorsqu'il se livre à son enthousiasme de théoricien : Diderot n'y eût pas été mieux adapté. Il n'y aurait pas davantage, je crois, connu le bonheur. Son individualisme répugne à tout conformisme. Il n'est pas libre — étant cet être malgré tout unique qu'a déterminé, à partir de la « *molécule paternelle* », l'organisation — de résigner sa « *liberté* » personnelle. Toute société qui assujettirait les consciences — et il ne s'agit pas que de sociétés religieuses — serait, pour Diderot, une société funeste. Il y défendrait, au risque de connaître un nouveau Vincennes, ou pire, le droit des inadaptés. Socialement, il demeure, en définitive, solidement attaché à ce monde bourgeois où il est né, où il a grandi, où il a ses amitiés, ses amours et ses aises. Être « *un homme de bien* », dans une société dont il souhaite que l'on réforme les abus, mais sans l'ébranler dans son fondement : voilà son idéal [1]. Il pense que « *faire une bonne action* » vaut mieux que d'« *écrire une ligne, même sublime* ». « *Je suis l'homme des malheureux* », dit-il encore, et, dans sa *Réfutation* d'Helvétius, il se montre sensible à la misérable condition des ouvriers : « *Quel que soit le salaire que vous attachiez au travail*, écrit-il, *vous n'empêcherez ni la fréquence ni la justice de la plainte de l'ouvrier.* » « *Avec tout cela* », dit-il encore — ce qui vient restreindre fâcheusement la portée de la remarque qui précède — « *avec tout cela, je m'aime mieux étendu nonchalamment dans un fauteuil, mes rideaux tirés, mon bonnet renfoncé sur les yeux, occupé à décomposer des idées, qu'à battre le ciment.* » Ne nous y trompons pas ! Diderot, pas plus que Voltaire, n'est démocrate. On lit, dans l'*Essai sur les règnes de Claude et de Néron* : « *Le peuple est méchant, mais il est encore plus sot.* » Affirmation renforcée et aggravée : « *L'homme peuple est le plus sot et le plus méchant des hommes : se dépopulariser, ou se rendre meilleur, c'est la même chose.* » Intellectuel bourgeois, Diderot rêve plus d'une aristocratie de l'esprit

1. Et cela malgré les deux vers « *furieux* » des *Éleuthéromanes* :

« *Et ses mains ourdiraient les entrailles du prêtre,*
Au défaut d'un cordon, pour étrangler les rois ».

N'oublions pas qu'ils se lisent dans un *Dithyrambe* composé pour une « *circonstance frivole* », un dîner des Rois, en l'an 1772.

et de la raison que d'un gouvernement des masses. Le règne de Prospero plutôt que celui de Caliban.

« *Diderot conversait bien moins avec les hommes qu'il ne conversait avec ses propres idées.* » Ainsi s'exprime Meister, le collaborateur de Grimm à la *Correspondance littéraire*. Il définit ainsi, avec pénétration, cet « état de dialogue » qui apparaît, en effet, habituel à Diderot. Dès les *Pensées philosophiques*, cela est évident. Non que soient campés sous le regard de notre esprit des personnages nettement caractérisés et que s'institue entre eux une véritable et naturelle conversation : mais déjà le Philosophe, pour « *se rendre compte à soi-même de ses opinions* », fait alterner les arguments d'un athée, d'un dévot, d'un déiste et d'un sceptique. Plutôt que de prendre parti tout de suite et de procéder à une réfutation en règle — et didactique — des thèses qu'il se serait proposé de ruiner, il les développe, les confronte, donne un sérieux avantage au matérialiste au moment même où il semble vouloir faire triompher le déiste, diffère encore la conclusion du débat en montrant la valeur du point de vue sceptique. Il n'y a guère que le chrétien qui, attaqué de trois côtés, soit en définitive tout à fait mal en point. On voit, pour Diderot, l'avantage de ce jeu. Il lui permet de maintenir, jusqu'au bout de son petit ouvrage, l'équilibre des tendances qui coexistent, à cette date, dans sa pensée. En fait il ne conclut pas : au lecteur de comprendre, grâce à ce dialogue d'idées, qu'un philosophe peut, au même moment et sans profonde contradiction, être séduit par les arguments du matérialisme et du déisme, tout en prenant conseil, d'autre part, de la sagesse interrogatrice du sceptique. La *Lettre sur les aveugles* est donnée par Diderot comme « *le récit d'un entretien* », dans lequel s'insère, déjà plus vivant, le dialogue entre le ministre Holmes et Saunderson mourant. On dirait d'une première ébauche, timide encore, de la composition si libre, si audacieuse, que sera *Le Rêve de d'Alembert*. Mais il fallut, pour atteindre à ce style souverain, où l'abstraction philosophique se fond dans la réalité la plus immédiate de la vie, que Diderot s'exerçât à la technique du roman. Il s'y essaye, dès 1747, dans la *Promenade du sceptique* : là, dans l'Allée des Marronniers, c'est un véritable dialogue qui s'institue entre Athéos et le chrétien ; c'est à une conversation animée que se livrent ensuite Athéos, Ariste, Oribaze et Philoxène. Et les personnages de l'Allée des Fleurs donnent à l'écrivain un prétexte pour esquisser les thèmes de trois ou quatre petites nouvelles sur « *la vérité des amours* » et « *la sincérité des amitiés* ». L'année suivante paraissent *Les Bijoux indiscrets* ; une douzaine d'années plus tard, Diderot composera *La Religieuse.* Dans l'entre-deux se placent ses deux drames bourgeois et les trois entretiens entre *Dorval et moi.* Ainsi le Philosophe acquiert peu à peu la maîtrise de la narration et du dialogue. Distinguant, à la fin des *Deux amis de Bourbonne*, entre trois sortes de contes, — le conte merveilleux, où « *la vérité est hypothétique* », le conte plaisant, où l'auteur ne se propose que d'amuser et « *s'élance dans les espaces imaginaires* », le conte historique enfin (il faut entendre, je crois, *réaliste*), qui « *a pour objet la vérité rigoureuse* », — Diderot fait voir qu'il a réfléchi sur les moyens techniques qui assurent la vraisemblance de la création romanesque. Parti de l'allégorie et des faciles imaginations dans le goût oriental, il en est venu à comprendre le factice de ce bric-à-brac et à lui préférer la vérité de ces « *petites circonstances* » exactes, de ces « *traits si simples, si naturels* », qui font dire au lecteur : « *Ma foi, cela est vrai : on n'invente pas ces choses-là.* » Dès le *Rêve de d'Alembert*, Diderot pratique, en virtuose éblouissant, cet art du dialogue philosophique où le développement des idées, leur rebondissement, au lieu d'être gênés par la réalité des personnages qui les incarnent, en sont au contraire enrichis, nourris et animés. Il est un fait que l'on ne remarque pas assez chez Diderot : c'est, dans plusieurs de ses ouvrages, le passage qui s'opère du réel à l'imaginaire. Le roman de *La Religieuse* en donne un exemple bien singulier, avec ses lettres véritablement adressées au marquis de Croismare au nom de la pauvre Suzanne Simonin. Diderot se prit lui-même à cette mystification et se mit à écrire le détail des aventures de la jeune fille enfermée dans un couvent contre sa volonté. Grimm rapporte même, dans la *Correspondance littéraire*, que M. d'Alainville, allant un jour rendre visite à Diderot, le trouva tout en larmes : « Qu'avez-vous ? lui demanda-t-il. — Ce que j'ai, répondit l'écrivain, je me désole d'un conte que je me fais. » Comment ne pas s'étonner aussi, dans *Le Fils naturel*, de ce personnage de Dorval, sorte de double de

Portrait *du marquis Marc-Antoine-Nicolas de Croismare, seigneur de Lasson* (1695-1772), *gravé par Halm, d'après C.-N. Cochin le fils.*

l'auteur, avec qui, dans les trois *Entretiens*, Diderot discute longuement ? Et la situation que nous propose l'écrivain n'est-elle pas singulière, lorsqu'il s'imagine spectateur de la pièce (elle est censée avoir été composée par Dorval lui-même), tellement ému par l'action représentée qu'il est « *sur le point de sortir de* [sa] *place, et d'ajouter un personnage réel à la scène* » ?

Diderot intervient, comme interlocuteur, dans l'*Entretien* qui précède *Le Rêve de d'Alembert*. Il expose la thèse matérialiste et se fait faire des objections par le mathématicien sceptique. (C'est un peu la situation finale des *Pensées philosophiques*.) D'Alembert va dormir : « *Vous rêverez... à cet entretien* », lui annonce Diderot, « *et s'il ne prend pas de la consistance, tant pis pour vous, car vous serez forcé d'embrasser des hypothèses bien autrement ridicules.* » Le rêve est ce que nous savons. L'astuce de Diderot — et pour nous la surprise — c'est d'y avoir fait prononcer par d'Alembert sa propre pensée. Un second Diderot, délirant, magnifiquement poète, se révèle. Ce qu'il n'osait qu'à peine formuler, et avec toutes sortes de prudences, voici qu'il le développe en périodes éloquentes, en tirades lyriques. Et le médecin Bordeu n'est là que pour confirmer la valeur scientifique de ces « *visions* », pour renforcer par ses explications à Mlle de l'Espinasse la thèse d'un Diderot féru de physiologie. Faut-il ne voir dans tout cela qu'un habile procédé d'exposition ? Il se peut ; mais je crois néanmoins qu'il y a autre chose. Une exigence, qui n'est pas seulement de forme, commande la création d'une telle œuvre. Pour aller jusqu'au bout de sa pensée, pour pouvoir l'envisager dans ses dernières conséquences, Diderot doit, en quelque sorte, se l'entendre développer par un autre lui-même. Elle s'active en ce dormeur qu'il imagine et, grâce à la fiction du rêve, elle peut s'amplifier, se faire, en toute liberté, aventureuse, conquérante, destructrice du préjugé. Devant son manuscrit, l'ouvrage achevé, et se relisant, je vois Diderot surpris le premier de « *la haute extravagance* » de son *Rêve* ; bien vite, cependant, il se rassure : d'Alembert et Bordeu lui sont garants — puisqu'après tout il n'a fait que les écouter — qu'il y a, dans ces pages inspirées, « *la philosophie la plus profonde* ».

Le dialogue du *Supplément au Voyage de Bougainville* s'établit entre deux interlocuteurs désignés par les seules lettres *A* et *B*. Le premier ne fait guère autre chose — un peu comme une « utilité » de théâtre — que de donner la réplique au second, celui-ci développant la morale de Diderot. Mais c'est au centre de l'œuvre, dans ces deux extraits que *B* fait lire à *A* d'un prétendu *Supplément* à la relation de Bougainville, que l'on voit Diderot, de nouveau, projeter sa propre pensée, l'objectiver en quelque sorte en des personnages qui servent à la lui renvoyer. Il y a d'abord le grand discours du vieillard ; il y a ensuite l'entretien d'Orou et de l'aumônier. De même que d'Alembert explicitait dans son délire une thèse que Diderot éveillé ne pouvait affirmer qu'avec précaution, les deux Tahitiens du *Supplément* lui montrent, réalisé au sein d'une nature primitive, le rêve que, dans la société parisienne de son siècle, il ne peut qu'ébaucher. *B*, à la fin de l'œuvre, joue un peu le rôle qui était, dans le *Rêve*, celui de Bordeu. Remarquons encore que, dans le *Supplément au Voyage de Bougainville*, la structure du dialogue se fait plus complexe. Usant d'un procédé qu'il perfectionnera encore, Diderot se meut en quelque sorte sur deux plans : celui où se situent *A* et *B* ; celui, d'autre part, de l'entretien entre Orou et l'aumônier. Dialogue dans le dialogue : ce n'est encore, ici, qu'emboîtement très simple. Un jour va venir où l'écrivain sera amené à compliquer à l'extrême cet agencement. Pour nous intriguer et nous amuser ? Sans doute. Mais plus encore par nécessité interne, ses affirmations mêmes exigeant le recours à cette succession, en apparence capricieuse, de surprises.

Dans *Le Neveu de Rameau* et *Jacques le Fataliste*, les deux dialogues majeurs de Diderot, la part du réalisme se fait beaucoup plus importante que dans les œuvres précédentes. D'Alembert, Bordeu, Mlle de l'Espinasse, ne devaient en somme qu'à leur identité d'être des personnages et non des abstractions. *A* et *B* ne sont aucunement individualisés et les deux Tahitiens demeurent malgré tout des figures de fantaisie dans le goût exotique. Il en va tout autrement du neveu et de Jacques. Certes on réduirait abusivement la portée de ce qu'ils ont à exprimer, en ne voyant en eux que les héros truculents de romans réalistes. Et la satire des mœurs contemporaines n'est pas non plus, dans le *Neveu*, l'essentiel. Néanmoins Diderot campe, dans ces chefs-d'œuvre, avec une singulière autorité, deux êtres pleinement vivants. Et le caractère du dialogue en est visiblement modifié.

LE CAFÉ PROCOPE AU XVIIIe SIÈCLE

Le neveu, nul ne l'ignore, n'est pas un personnage inventé. Diderot a connu ce Jean-François Rameau, qui promenait sa dégaine — et sa déveine — de la Régence au Procope ou dans les allées du Palais Royal. Il était, nous dit Cazotte, « né plein de chant ». Piron l'a vu « cabrioler à contretemps, passer de la haute-contre à la basse-taille, de la polissonnerie aux maximes ». « C'est quand Jupiter le fit, ajoute-t-il, qu'il était ivre-saoul. » Cette extravagance du neveu, Diderot n'en a omis aucun aspect. Confronté à ceux de Grimm, de Piron, de Cazotte, de Sébastien Mercier, le portrait brossé par notre philosophe est ressemblant. Cependant — là est le secret du génie — il apparaît transfiguré. Sans rien lui faire perdre de sa très précise et très exceptionnelle individualité, Diderot l'élève à la hauteur d'un type. Le neveu devient comme un frère de Panurge et de Sancho Pança. La peinture s'avive d'une foule de traits empruntés de ci de là, mais admirablement harmonisés. Rameau s'enrichit surtout de tout ce que son peintre lui communique de sa propre personnalité. Le dialogue, dès lors, sera bien, comme il l'avait été dans d'autres œuvres, une confrontation de Moi à Moi. Pourtant, le Moi du philosophe rencontre ici une résistance. M. Jean Fabre l'a noté en termes parfaits : « Ce Moi se heurte à Lui, un

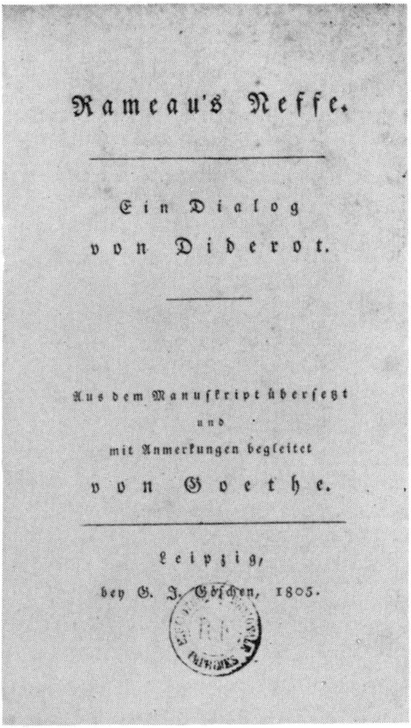

Rameau's Neffe.

Ein Dialog
von Diderot.

Aus dem Manuskript übersetzt
und
mit Anmerkungen begleitet
von Goethe.

Leipzig,
bey G. J. Göschen, 1805.

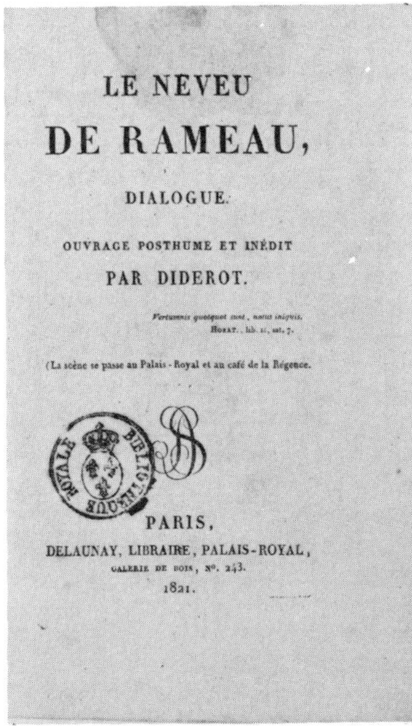

LE NEVEU
DE RAMEAU,
DIALOGUE.

OUVRAGE POSTHUME ET INÉDIT
PAR DIDEROT.

Vertumnis quotquot sunt, natus iniquis.
HORAT., lib. II, sat. 7.

(La scène se passe au Palais-Royal et au café de la Régence.

BIBLIOTHEQUE ROYALE

PARIS,
DELAUNAY, LIBRAIRE, PALAIS-ROYAL,
GALERIE DE BOIS, N°. 243.
1821.

LE PALAIS-ROYAL AU XVIIIe SIÈCLE

Lui qui ne se laissera pas abstraire ni dévorer. Sans doute l'échange se fait-il alors : *Moi* devient cet autre, et *Lui* s'enrichit du plus secret de Moi. Mais il reste Jean-François Rameau, tel que la Nature, grimaçant, le « fagota », tel que d'autres en ressentirent, au moins confusément, la bizarre attirance, qui tint le philosophe envoûté [1]. »

« Envoûté » ? Le mot n'est pas trop fort. Et c'est ici que se révèle ce qui, sans doute, fait du *Neveu de Rameau* l'œuvre à la fois la plus personnelle et la plus haute de Diderot. La plus secrète aussi, peut-être. Le personnage du neveu ne lui sert pas seulement, comme l'avaient fait d'Alembert et Orou, à se renvoyer à lui-même, totalement formulée, une pensée à laquelle par avance il s'accordait. Rameau le bohème, l'artiste malchanceux, l'immoraliste, inspire à Diderot une puissante nostalgie de cette vie libre à laquelle, par souci de respectabilité, il a renoncé. Il a beau écrire, après avoir présenté son étrange héros : « *Je n'estime pas ces originaux-là* » : nous savons, au contraire, qu'il les aimait. « *Je conçois* », écrivait-il un jour à Mlle Volland, « *qu'il y a des hommes assez heureusement nés pour être, par tempérament et constamment, ce que je suis par intervalles, de réflexion, et par secousses.* » Quand il réfléchissait sur sa vie, — à l'époque du *Neveu de Rameau*, il approche de la soixantaine, — sur les contradictions irréductibles de son matérialisme théorique et de sa morale vertueuse, il devait lui advenir de souhaiter être « *constamment* » l'un de ces « *hommes libres* » qu'il ne se sentait être que « *par secousses* ». En créant le personnage du neveu, il se donne un interlocuteur qui n'est pas destiné à lui dire, plus clairement, plus nettement, ce qu'il pense et ce qu'il approuve ; mais au contraire à lui faire sentir, de la manière la plus aiguë, les compromissions où l'entraîne sa morale sentimentale et médiocre, à lui faire entendre, par l'absurde et la dérision, que rien ici-bas ne s'égale à l'épanouissement total d'une personnalité créatrice. L'« *unité de caractère* » s'observe aussi bien chez le grand criminel que chez l'artiste de génie. Rien pour Rameau le neveu n'est plus digne de mépris que ces gens qui s'avancent « *dans le chemin de la vie* », « *tirés comme par deux forces contraires* » : « *des* espèces », dit-il, « *de toutes les épithètes la plus redoutable, parce qu'elle*

1. Jean Fabre, Introduction au *Neveu de Rameau* (Textes littéraires français, p. XLVI).

marque la médiocrité. » Par de tels propos, Diderot se sent comme mis en question, et, jusqu'au terme du dialogue, il n'arrivera pas à convaincre de la légitimité de son comportement le juge terrible et saugrenu qu'il s'est suscité. Le neveu triomphe et cela signifie, en définitive, le triomphe d'un Diderot qui n'est pas tout à fait celui que connurent, dans l'existence de tous les jours, ses contemporains. De ce Diderot secret qui avouait à Mme d'Épinay, en 1767 : « *Je ne suis nulle part heureux, qu'à la condition de jouir de mon âme, d'être moi, moi tout pur.* »

Jacques le Fataliste n'est pas moins révélateur que *Le Neveu de Rameau.* Le mieux à faire, sans doute, en abordant ce foisonnant chef-d'œuvre, c'est de se laisser entraîner par la verve du conteur, par le mouvement, sans cesse interrompu et repris, du dialogue. Idées et images, forme et fond, sont ici plus qu'ailleurs, et tout autant que dans le *Neveu,* inséparables. Substituer à cet ensemble enchevêtré, mais voulu tel, une analyse qui en dissocierait les éléments, ce serait trahir Diderot. A travers l'apparent désordre de cette œuvre, il savait fort bien où il allait et l'on peut s'étonner qu'avec une telle persistance les commentateurs reprochent à *Jacques le Fataliste* son « *décousu* », sa « *composition capricieuse* », son allure de « *récit écrit à la diable* ». Si le thème des amours de Jacques, annoncé dès la première page, n'apparaît complètement développé qu'à la fin du roman, — si, dans cette vaste parenthèse, s'insèrent d'autres aventures amoureuses, ainsi l'admirable histoire du marquis des Arcis et de Mme de la Pommeraye, — si se montrent et s'effacent maintes figures épisodiques, cependant que se déroulent les vicissitudes du singulier voyage du maître et du serviteur, — c'est que Diderot l'a voulu ainsi, faisant de son « *désordre* » une sorte de système. Il n'y a pas seulement ici dialogue dans le dialogue, c'est-à-dire deux plans : celui sur lequel évoluent Jacques et son maître, et celui des personnages dont ils racontent l'histoire ; tout est dominé — troisième plan — par le dialogue que Diderot lui-même institue avec son lecteur [1]. Ainsi, par la composition même de l'œuvre, l'écrivain accuse sa thèse philosophique.

1. Je croirais volontiers que Gogol, écrivant *Les Ames Mortes*, et Gide, dans *Les Faux-Monnayeurs*, se sont souvenus de cette technique de Diderot.

Cette thèse, nous la lisons aux premières lignes du récit : « *Jacques disait que son capitaine disait que tout ce qui nous arrive de bien et de mal ici-bas était écrit là-haut.* » Tout est prévu, de toute éternité, « *dans le grand livre* » ou « *sur le grand rouleau* », et nul n'échappe à sa destinée. Une fois de plus, voilà posé le problème de la liberté et du fatalisme. Les hasards de l'événement, les surprises du sort, rendus sensibles par le rythme entrecoupé de la narration, trouvent pour Jacques une seule explication : dans un déterminisme absolu. Le monde moral est sous l'entière dépendance du monde physique : « *Jacques ne connaissait ni le nom de vice, ni le nom de vertu ; il prétendait qu'on était heureusement ou malheureusement né.* » Le neveu de Rameau ne s'exprimait pas autrement, comme déjà le Diderot de la *Lettre à Landois*. Mais Jacques, pas plus que Diderot, ne se montre conséquent avec les principes matérialistes qu'il professe : « *Il remerciait son bienfaiteur, pour qu'il lui fît encore du bien ; il se mettait en colère contre l'homme injuste. Il tâchait à prévenir le mal ; il était prudent avec le plus grand mépris pour la prudence.* » Décidément, le philosophe ne se dépêtre pas de la contradiction où il est pris. Quoi qu'il prétende, les manifestations complexes de la vie morale ne se ramènent pas pour lui au seul jeu de l'instinct. Comment expliquer le comportement de Gousse, ce voleur capable de dévouements tels qu'il en vient à donner tout ce qu'il possède ? Diderot s'interroge, comme il s'interrogeait en face de Rameau le neveu. Il lui faut bien nuancer sa doctrine. Dans la morale propre à une espèce, n'y aurait-il pas « *une morale propre à différentes conditions ou collections d'individus semblables* » ? Un pas de plus, et voilà légitimée l'exception du génie, justifiée cette aspiration invincible de Diderot à jouir de son « *moi tout pur* ». L'agencement même du dialogue, dans *Jacques le Fataliste*, met en évidence cette incessante interrogation. Le maître affirme la liberté de l'individu. Jacques tient pour le déterminisme. Mais, les écoutant avec sympathie, un troisième Diderot intervient. On s'attendrait à le voir arbitrer le différend. Mais non : jusqu'au bout, il demeure spectateur, excitant tour à tour les deux adversaires. On le dira peut-être plus sensible aux affirmations de Jacques qu'aux ripostes du maître. Cependant, lorsque Diderot s'adresse à son lecteur, et cela à tant de reprises, usant de ces formules : « *Il ne tiendrait qu'à moi de vous faire attendre un an, deux ans, trois ans, le récit des amours de Jacques...* » ; « *qu'est-ce qui m'empêcherait de marier le maître et de le faire cocu... ?* » — ne vise-t-il qu'à une facétieuse critique des facilités que s'accorde l'imagination romanesque ? On a peine à le croire. Et l'on dirait plutôt qu'il se donne à lui-même l'illusion de l'Être souverainement libre, du Créateur tout puissant, du Meneur de jeu ordonnant à son gré les figures de la pantomime humaine et du « *grand branle de la terre* ».

Pour introduire quelques réflexions sur l'esthétique de Diderot, il n'est pas inutile, je crois, de se demander comment il travaillait. Une idée, une « *question importante* » vient-elle, comme il dit, lui « *échauffer la tête* », le voilà comme « *tyrannisé sans cesse* ». Son projet le « *suit dans les rues* », le « *rend distrait en société* », l' « *interrompt dans ses occupations les plus essentielles* », lui « *ôte le sommeil pendant la nuit* ». Sur son bureau, il a « *un grand papier* » : il y jette, sous forme de notes, ses pensées, « *sans ordre, en tumulte, comme elles viennent* ». Vient un moment où sa tête est « *épuisée* » ; il se repose alors, donnant aux idées « *le temps de repousser* ». C'est là ce qu'il appelle sa *recoupe*, « *métaphore empruntée à l'un des travaux de la campagne* ». Reprenant ensuite ses notes, il « *les ordonne, quelquefois en les chiffrant* ». Le plus difficile est fait : « *Quand j'en suis venu là,* nous avoue-t-il, *je dis que mon ouvrage est achevé.* » Racine de même, prétend-on, une fois le plan d'une tragédie minutieusement élaboré, disait : « Je n'ai plus qu'à l'écrire. » La rédaction, pour Diderot, est rapide : « *J'écris tout de suite ; mon âme s'échauffe du reste en écrivant. S'il se présente quelque idée nouvelle, dont la place soit éloignée, je la mets sur un papier séparé. Il est rare que je récrive... J'ajoute en marge, car, paresseux de copier, je réserve toujours de grandes marges.* » Reste, bien sûr, une élaboration finale, ce « *travail de la lime, le plus épineux, le plus difficile, celui qui épuise, fatigue, ennuie et ne finit point, surtout chez une nation où quatre expressions de mauvais goût tuent un très bon ouvrage, où l'on ne permet pas la rencontre dure de deux voyelles, où l'on est blessé de la répétition d'un même mot, quelquefois dans une page...* »

Ces renseignements sont précieux. Ils nous montrent, chez un écrivain que l'on regarde volontiers comme un génial improvisateur, des habitudes de composition fort classiques. Il lui faut, bien sûr, pour se mettre au travail être « *fortement épris* » de quelque objet et comme possédé par lui. C'est là, si l'on veut, le temps premier : celui de l'inspiration, auquel succède, temps second, — et le premier jet lancé tumultueusement sur le papier, — une patiente et soigneuse mise en ordre. Le plan est fait ; tout est en place. Troisième temps : celui de la rédaction. Sur un canevas si bien préparé, la broderie est aisée, rapide. Diderot « *s'échauffe* », s'enthousiasme à voir les motifs prendre forme, se développer. Il est certain qu'en cours de travail le dessin s'enrichit, qu'une idée en amène une autre, que tel mot, telle image suscitent un nouveau développement. Diderot, d'ordinaire, converse avec son lecteur ou institue des dialogues d'idées ou de personnages ; or, de même qu'« *il n'y a rien de décousu ni dans la tête d'un homme qui rêve, ni dans celle d'un fou, tout se tient aussi dans la conversation... La folie, le rêve, le décousu de la conversation consistent à passer d'un objet à l'autre par l'entremise d'une qualité commune.* » Gœthe ne s'y est pas trompé, qui, sans connaître le texte qu'on vient de lire, a dit du *Neveu de Rameau* : « Quel enchaînement dans ce dialogue !... Tout s'y tient, tout y est lié d'une chaîne invisible et pourtant réelle..., une chaîne d'acier qu'une guirlande dérobe à nos yeux. » Rapidité, donc, de la rédaction : « *Plus j'écris vite, mieux j'écris* », affirme Diderot. Les *Pensées philosophiques* furent, dit-on, rédigées en trois jours. Quant au *Salon* de 1765, qui remplit 222 pages in-8° de l'édition Assézat-Tourneux, son auteur nous apprend : « *J'ai pris la plume ; j'ai écrit quinze jours de suite, du soir au matin.* » Mais c'est là une rapidité contrôlée ; de même que le prétendu désordre de la conversation écrite est, chez Diderot, savamment surveillé. Notre auteur a fait une bonne rhétorique. Il sait que l'art est, d'abord, artifice, — maîtrise d'une technique apprise avec patience, exercée sans relâche.

Cela vu, peut-être comprend-on mieux et le sens du *Paradoxe sur le comédien* et certains des jugements que Diderot porte sur la peinture. On a dit du *Paradoxe* qu'il était « un paradoxe sur l'esthétique de Diderot[1] » et, si l'on ne tient pas compte des dates et d'une évolution de la pensée de Diderot, entre 1757 et 1770 environ, il est certain que la contradiction paraît flagrante entre les

1. Daniel Mornet, *Diderot, l'homme et l'œuvre*, p. 9.

paradoxe   Nouv. acq. franc. 10165.   1

Epig. a Zerbina penserete.
la Serva padrona.

; n'en parlons plus — pourquoi? — c'est l'ouvrage de votre ami — qu'importe? — beaucoup. à quoi bon vous mettre dans l'alternative de mépriser ou son talent ou mon jugement, et de rabattre de la bonne opinion que vous avez de lui, ou de celle que vous avez de moi — cela n'arrivera pas, et quand cela arriveroit, mon amitié pour tous les deux fondée sur des qualités plus essentielles, n'en souffriroit pas — peut-être — j'en suis sur. savez vous à qui vous ressemblez dans ce moment? à un auteur de ma connoissance qui supplioit à genoux une femme à laquelle il étoit attaché, de ne pas assister à la première représentation d'une de ses pieces — votre auteur étoit modeste et prudent. — il craignoit que le sentiment tendre qu'on avoit pour lui, ne tint au cas qu'on faisoit de son mérite littéraire — cela se pouvoit — qu'une chute publique ne le dégradât un peu aux yeux de sa maitresse — que moins estimé, il ne fut moins aimé; cela vous paroit ridicule? — c'est ainsi qu'on en jugea; la loge fut louée, et il eut le plus grand succès; et dieu sait comme il fut embrassé, fêté, caressé — il l'eut été bien davantage, après la piece sifflée. — je n'en doute pas; et je persiste dans mon avis — persistez, j'y consens; mais songez que je ne suis pas une femme, et qu'il faut, s'il vous plait, que vous vous expliquiez — absolument — absolument? — il me seroit plus aisé de me taire que de déguiser ma pensée — je le crois — je serai sévère — c'est ce que mon ami exigeroit de vous — hé bien, puisqu'il faut vous le dire; son ouvrage écrit d'un style tourmenté, obscur, entortillé, boursouflé, est plein d'idées communes. au sortir de cette lecture un grand comédien n'en sera pas meilleur et un pauvre acteur n'en sera pas moins mauvais. c'est à la nature à donner les qualités de la personne, la figure, la voix, le

R.F.

Un fragment de la copie par Naigeon du Paradoxe sur le Comédien

Entretiens avec Dorval et le *Paradoxe sur le comédien.* Je crois pourtant, avec M. Belaval, qu'il n'y a là qu'une apparence. Lorsque Dorval, au début du second *Entretien*, parle de l'enthousiasme, il s'attache à décrire le moment de l'inspiration, celui où « *l'imagination s'échauffe* », où « *la passion s'émeut* ». Le *Paradoxe*, au contraire, insiste sur le moment de l'exécution, sur le jeu de l'acteur : il en exige alors « *beaucoup de jugement..., de la pénétration et nulle sensibilité* ». De la thèse de Diderot, on ne retient d'ordinaire que cette dernière affirmation. De très grands acteurs — Copeau, Jouvet, Mme Dussane — l'ont contredite à l'envi. Mais on s'obstine, dirait-on, à ne pas voir que, dans le *Paradoxe*, l'enthousiasme créateur a sa place aussi bien que dans les *Entretiens*. Il a sa place *avant* l'exécution, alors, par exemple, que la Clairon se passionne pour le rôle d'Agrippine. Son imagination « *échauffée* » est possédée de ce personnage comme d'« *un grand fantôme* ». Mais quel travail assidu, quel exercice du jugement, quelle connaissance du cœur humain ne sont-ils pas nécessaires pour s'élever à la hauteur du « *modèle idéal* » qu'elle a conçu ! Lorsqu'elle y a atteint, « *sa tête touche aux nues, ses mains vont chercher les deux confins de l'horizon ; elle est l'âme d'un grand mannequin qui l'enveloppe ; ses essais l'ont fixé sur elle* ». Désormais elle peut jouer : « *elle se possède* », nous dirions aussi : « *elle possède son rôle* ». Elle est capable de le « *répéter sans émotion* ». Là est le « *paradoxe* ». Le grand acteur, pour Diderot, a senti *avant* de jouer ; mais dans l'action, il *imite* parfaitement la sensibilité. On sait que notre auteur reconnaît l'existence de comédiens sensibles au moment où ils jouent. Il admet qu'ils peuvent être admirables, mais qu'ils sont nécessairement inégaux. Force est bien de lui donner raison. Et de remarquer aussi que l'émotion, chez l'acteur qui joue d'âme, n'est pas l'émotion vraie de la réalité. L'acteur, aussi sensible sur scène qu'on le voudra, sait qu'il *joue*. Son personnage se situe dans l'imaginaire, et Copeau lui-même doit bien admettre que le comédien « *se sert de son émotion* » .

1. Notons au passage le cas-limite, dont Rotrou a fait le sujet d'une tragédie remarquable : *Saint Genest*. L'acteur païen, jouant le rôle d'un martyr chrétien, se convertit sur scène. Il y a passage de l'imaginaire au réel ; mais, par là-même, le « spectacle » est interrompu, annulé. Rotrou apporte, je crois, un argument au Diderot du *Paradoxe*.

Diderot, pour appuyer sa thèse, se réfère à l'expérience de l'écrivain. Les peines profondes et les plaisirs violents, à l'instant où on les ressent, « *sont muets* » : « *Est-ce au moment où vous venez de perdre votre ami ou votre maîtresse que vous composerez un poème sur sa mort?... Non. C'est lorsque la grande douleur est passée, quand l'extrême sensibilité est amortie, lorsqu'on est loin de la catastrophe, que l'âme est calme, qu'on se rappelle son bonheur éclipsé, qu'on est capable d'apprécier la perte qu'on a faite, que la mémoire se réunit à l'imagination, l'une pour retracer, l'autre pour exagérer la douceur d'un temps passé, qu'on se possède et qu'on parle bien. On dit qu'on pleure mais on ne pleure pas, lorsqu'on poursuit une épithète énergique qui se refuse ; on dit qu'on pleure, mais on ne pleure pas, lorsqu'on s'occupe à rendre son vers harmonieux : ou, si les larmes coulent, la plume tombe des mains, on se livre à son sentiment et l'on cesse de composer.* » Voilà de nouveau marqués les deux temps de la création artistique : et comment ne pas voir, au principe de cette analyse, cet « *esprit de rhétorique, hérité du XVII*e *siècle* », que M. Belaval reconnaît, chez Diderot, uni à « *l'esprit philosophique des lumières* » ? L'auteur du *Paradoxe* est plus près de Boileau qu'il ne semble. Il doit à ses études les éléments d'une esthétique rationaliste que jamais il ne répudiera tout à fait. L'article *Beau* (1751), dans l'*Encyclopédie*, est, à ce propos, révélateur. Diderot y commente le P. André et l'abbé Batteux. Il retient de ce dernier que le but de l'art n'est pas seulement de copier la nature, mais de recréer, à l'aide des éléments qu'elle nous offre, cette « *belle nature* » qui tient une telle place dans l'esthétique picturale des *Salons*. Dès ses *Mémoires sur différents sujets de mathématiques* (1748), Diderot fondait la notion du beau sur la perception de rapports saisis par notre entendement. L'article *Beau* développe cette idée, qui a l'avantage d'englober dans une même explication la beauté d'un théorème, d'une hypothèse scientifique, d'une construction philosophique, d'un tableau ou d'un poème. Le génie, pour Diderot, se manifeste avant tout dans la capacité de percevoir des rapports qui échappent à l'entendement du commun. Renvoyons ici à l'article *Génie* (1757) de l'*Encyclopédie*, mais plutôt encore à un texte moins connu, faisant partie de ce que l'écrivain lui-même appelait, selon Naigeon, ses *Miscellanea* : quelle est donc, se demande Diderot, la « *qualité* *d'âme particulière, secrète, indéfinissable* » qui caractérise le génie ? L'imagination ? Le jugement ? L'esprit ? La sensibilité ? Le goût ? Rien de tout cela, ou du moins tout cela ne vient qu'ensuite. « *Est-ce une certaine conformation de la tête et des viscères, une certaine constitution des humeurs ?* » Le Diderot physiologiste l'accorde et Rameau le neveu rapportera tout à la « *molécule paternelle* ». Cependant, le philosophe avoue que de cette conformation physiologique, explication du génie, « *ni* [lui] *ni personne n'a de notion précise* ». Ce que nous constatons, chez l'homme de génie, c'est « *l'esprit observateur* ». Il « *s'exerce sans effort* » ; « *il ne regarde point, il voit... Il n'a aucun phénomène présent, mais ils l'ont tous affecté, et ce qui lui en reste, c'est une espèce de sens que les autres n'ont pas. ... Il se remarque et dans les grandes choses et dans les petites. Cette sorte d'esprit prophétique n'est pas le même dans toutes les conditions de la vie ; chaque état a le sien.* » Il me semble que ce texte doit faire réfléchir ceux qui mettent au premier plan, dans l'esthétique de Diderot, l'enthousiasme, la fougue irraisonnée, le « *délire* ». Que cet « *esprit observateur* » soit intuitif plus qu'analytique, qu'il saisisse des rapports nouveaux par une « *vue* » immédiate et non par une suite patiente de raisonnements échafaudés, c'est certain. Les *Pensées sur l'interprétation de la nature*, en 1754, le décrivent comme un « *instinct* ». Mais il serait faux de l'opposer à la raison. Il est, bien plutôt, l'exercice d'une raison supérieure, audacieuse, conquérante, atteignant d'un seul bond et saisissant d'une seule prise des vérités que ne sauraient concevoir de plus timides esprits.

De là, chez Diderot, l'opposition fréquemment exprimée du goût et du génie. On la souligne souvent aussi pour y faire voir une des inconséquences de son esthétique. Mais y a-t-il véritablement inconséquence ? Le génie étant ce que nous venons de voir, et découvrant entre les choses ces rapports, ces « *analogies naturelles* » insoupçonnées, n'est-il pas normal que le goût lui soit souvent une entrave ? Le goût est en effet pour Diderot, comme pour les classiques, « *l'ouvrage de l'étude et du temps ; il tient à la connaissance d'une multitude de règles* » ; il suppose l'acquiescement à d'innombrables « *conventions* ». Tout génie, par la nouveauté même de son apport, heurte ces conventions, révèle en lui quelque chose d'« *irrégulier* », d'« *escarpé* », de « *sauvage* ». Alors que le goût est dicté par l'assentiment d'une société donnée à un ensemble de normes qu'elle fixe ou qu'elle reçoit du passé, les créations du génie opèrent, dans ce système bien établi, une rupture. Une part de l'effort de Diderot, dans les *Salons* en particulier, consistera, après avoir accusé cette opposition du goût et du génie, à réduire, me semble-t-il, l'écart qui les sépare. C'est ainsi qu'il imagine, dans le *Salon* de 1767, une conversation entre un abbé et lui. Il y reproche à la société de donner « *un goût factice* » aux hommes et souhaite que ce qu'il appelle « *la logique du goût* » fasse autant de progrès que celle « *de la raison* ».

L'esthétique picturale de Diderot — qui s'accorde d'ailleurs avec son esthétique littéraire — se révèle, à une étude attentive, plus nuancée qu'on ne l'a dit parfois. Certes, sa critique d'art est d'abord une critique psychologique et morale du « sujet ». Il raconte les tableaux et multiplie à leur propos — de façon, il faut le dire, étonnamment vivante — les anecdotes, souvenirs personnels, dialogues et digressions de toutes sortes. Le « *genre* » de Greuze lui plaît, d'abord et surtout, parce que « *c'est la peinture morale* ». « *Les mœurs*, dit-il aussi, *sont essentielles au bon goût.* » Cependant, rien de plus injuste que de limiter à cela la critique d'art de Diderot et d'écrire, comme le fait Brunetière : « Il n'y a rien pour nous, ou presque, à prendre dans les *Salons*... et il est même à regretter que notre siècle y ait déjà tant pris. » Diderot, c'est entendu, n'est pas peintre — mais Baudelaire non plus ne l'était pas ! Très honnêtement, à plusieurs reprises, le Philosophe avertit qu'il ignore le métier et reconnaît qu'« *il est des choses dont il est impossible de juger sans avoir eu quelque temps le pouce passé dans la palette* ». On est, dès lors, d'autant plus agréablement surpris de le voir s'intéresser comme il le fait au « *technique* », à la « *manière* » des artistes qu'il juge. A défaut des *Salons* où abondent les remarques de cet ordre et les plus judicieuses, qu'on se réfère à l'*Essai sur la peinture*, plus court, et qui fait suite au *Salon* de 1765.

Quant aux principes essentiels de son esthétique picturale, il est intéressant de voir comment, de 1755, où il publie *L'Histoire et le secret de la peinture en cire*, à 1771, date du dernier *Salon* important, ils se sont peu à peu modifiés et précisés. Il part, avec tout son siècle, de l'idée que l'art est imitation de la nature, d'une nature objectivement vraie et la même pour tous les sujets. Le peintre, sur la toile, montre l'objet, en propose non pas un signe — ce que sont les mots pour l'écrivain — mais un *simulacre*, c'est-à-dire une représentation sensible. Théoriquement on pourrait penser que la connaissance des lois régissant le monde extérieur — ce monde qui est l'objet de la peinture — devrait permettre une reproduction objective, universellement la même, de la nature. On lit, dans l'*Essai sur la peinture* : « *Si les causes et les effets nous étaient évidents, nous n'aurions rien de mieux à faire que de représenter les êtres tels qu'ils sont. Plus l'imitation serait parfaite et analogue aux causes, plus nous en serions satisfaits.* » En réalité, il n'en va pas ainsi. Dès 1755, dans ce traité sur la *Peinture en cire*, qui offre un si frappant exemple de l'intérêt porté par Diderot aux

LE VAISSEAU SUBMERGÉ, *tableau de Joseph Vernet*, 1769
Sans doute la Tempête *exposée au Salon de* 1769, *qui faisait pendant à un* Brouillard, *et dont Diderot admire le « faire précieux, l'extrême vérité »*.

problèmes de métier, notre critique constate qu'entre des peintres appliqués à un même motif, et prétendant, chacun, imiter fidèlement la nature, se manifestent de singulières différences. En fait, l'artiste ne peint point les objets comme il les voit ; il a son *faire*, « *routine contractée* », et qui « *lui appartient tellement qu'on ne s'y trompe jamais* ». Et Diderot de conclure : « *Le grand modèle est donné ; il y a une infinité de* faire *différents.* »

Voilà posé le problème du style, c'est-à-dire d'une interprétation personnelle, subjective, de l'objet par le peintre. A travers tous les *Salons*, comme dans l'*Essai sur la peinture*, Diderot s'est efforcé d'analyser, aussi précisément qu'il le pouvait, les moyens d'expression du peintre. Bien vite, cette étude l'a amené à comprendre que la représentation sensible, ou *simulacre*, n'est pas simple imitation de l'objet, mais transposition. Et cela pour deux raisons : d'abord, parce que « *chaque artiste a ses yeux, et par conséquent sa manière de voir* » ; ensuite, parce que les couleurs dont il use — produits végétaux ou minéraux — ne lui permettent de donner que « *l'illusion* » des couleurs réelles. « *La couleur est une en nature* » affirme l'*Essai sur la peinture.* Mais pourquoi donc « *cette variété de coloristes* » ? Cela tient, pense Diderot, à « *la disposition de l'organe* », à l'œil de l'artiste. Cela tient aussi à son caractère : « *Pourquoi* », en effet, « *l'humeur même de l'homme n'influerait-elle pas sur son coloris ?* » On voit l'importance de ces constatations. Diderot reconnaît comme légitime la déformation que le peintre fait subir à l'objet qu'il prétend imiter. Il admet la réalité de la vision subjective et, par conséquent, d'un art qui n'est plus copie de la nature, mais création d'un monde où, par les objets librement interprétés, s'exprime la personnalité même du peintre. C'est là un des aspects les plus neufs, les plus modernes, de l'esthétique de Diderot. Mais il faut, pour être tout à fait exact, constater aussi qu'il demeure encore timide devant l'audace de cette vue : s'il la justifie par maintes remarques très perspicaces sur la couleur et le clair-obscur, il ne va pas jusqu'à l'étendre au dessin, à la valeur d'expression subjective de la ligne. Quant aux moyens matériels de l'expression picturale, c'est-à-dire à ces couleurs « *que le peintre broie sur sa palette* », Diderot a vu que se posait à leur propos le problème majeur de la technique picturale.

Un texte du *Salon* de 1763 est ici de la plus grande importance. Il suppose un artiste assemblant, pour en faire un tableau, « *des objets de toute espèce et de toutes couleurs, du linge, des fruits, du papier, des livres, des étoffes et des animaux* ». Grâce à « *l'air et la lumière* », ces objets seront tous « *accordés* ». La difficulté, pour le peintre, c'est de réussir, sur sa toile, cet accord. Pour y parvenir, il n'a que ses tubes de couleurs, son huile, c'est-à-dire des « *matières* » qui ne sont pas « *de la chair, de la laine, du sang, la lumière du soleil, l'air de l'atmosphère* ». Il se fait sa « *palette particulière* », « *son technique* ». Or, « *qu'est-ce que ce technique ?* » Une sorte de mensonge : « *l'art de sauver un certain nombre de dissonances, d'esquiver les difficultés supérieures de l'art* ». Diderot défie le meilleur des peintres de « *choisir son ciel tel qu'il est en nature* ». L'artiste est limité par ses moyens mêmes. Ce sont eux qui lui imposent, en définitive, et la gamme de ses tons, et les rapports que ceux-ci soutiennent entre eux. Ainsi, « *le meilleur tableau, le plus harmonieux, n'est qu'un tissu de faussetés qui se couvrent les unes les autres* ». On s'attendrait ici que Diderot abandonnât sa conception de la peinture-imitation. Il ne le fait pas ; il pense encore que « *la grande magie consiste à approcher tout près de la nature* ». Il admet pourtant que, sur le tableau, « *ce n'est plus la scène réelle et vraie qu'on voit ; ce n'en est, pour ainsi dire, que la traduction* ». Et il tire de là une conclusion assez audacieuse : «... *Cent à parier contre un qu'un tableau dont on prescrira rigoureusement l'ordonnance à l'artiste sera mauvais, parce que c'est lui demander tacitement de se former tout à coup une palette nouvelle. Il en est en ce point de la peinture comme de l'art dramatique. Le poète dispose son sujet relativement aux scènes dont il se sent le talent.* » C'est reconnaître que les servitudes du métier, de la matière même, et les exigences de la technique décident de la composition du tableau. C'est, par là-même, renoncer à la prédominance du sujet et du « *modèle idéal* ».

A ces réflexions si neuves Diderot en ajoute d'autres, dans le *Salon* de 1767, qui ne sont pas moins fertiles en conséquences. La conception du « *modèle idéal* » et de la « *belle nature* » ne le satisfait plus. Il voit trop qu'elle ne se traduit souvent que par la tyrannie des Anciens et par les conventions d'un goût timoré. Au delà et plus profond que le « *modèle idéal* », il s'agit de retrouver « *le modèle intérieur* », d'être non pas de l'école des Anciens, ou de telle école moderne vouée à l'imitation, mais « *de l'école primitive et du secret* », — celle où l'artiste, en contact étroit avec la nature, redécouvre ce que les premiers parmi les Anciens avaient découvert. Peut-être cela n'est-il possible, pense Diderot, « *que par le retour à l'état de barbarie ; car c'est la seule condition où les hommes, convaincus de leur ignorance, puissent se résoudre à la lenteur du tâtonnement ; les autres restent médiocres, précisément parce qu'ils naissent, pour ainsi dire, savants* ». Ainsi l'esthétique de Diderot, rationaliste et classique au départ, en vient non pas, je crois, à se renier tout à fait, mais à exiger un retour aux sources vives de toute création. Il y a un exercice de la raison qui est mortel au sentiment artistique : Diderot n'en voyait autour de lui que trop d'exemples. « *Partout*, note-t-il, *décadence de la verve et de la poésie, à mesure que l'esprit philosophique a fait des progrès.* » Il ne peut y avoir d'art authentique et puissant, de poésie vraie, dans une perpétuelle imitation des modèles. De même que les grandes hypothèses scientifiques attestent « *un pressentiment qui a le caractère de l'inspiration* », ainsi le véritable artiste, le véritable poète, en face de ce « *quelque chose d'énorme, de barbare et de sauvage* » que lui offre la nature primitive, doit, à force de tâtonnements et avec la divination de l'instinct, découvrir une vérité non encore exprimée, qui, devenue poème, tableau, statue, « *prêchera plus fortement la grandeur, la puissance, la majesté de la nature, que la nature même* ».

Mieux que je n'ai pu l'exprimer, les textes qu'on a lus comme ceux qu'on va lire attestent l'inépuisable richesse de l'œuvre de Diderot, la fécondité de son génie. « Ses idées, écrit Meister, étaient plus fortes que lui, elles l'entraînaient pour ainsi dire. » Elles déconcertèrent ; elles le desservirent même. Elles le recommandent aujourd'hui à ceux qui, comme Diderot l'écrivit lui-même, « *fortement épris de quelque goût particulier* », aiment les « *fanatiques* » et, devant cette « *sottise* » qu'est le monde, s'écrient, avec lui encore : « *Ah ! la belle sottise pourtant !* »

CHARLY GUYOT.

PORTRAIT DE DIDEROT PAR LÉVITZKY

PORTRAIT DE DIDEROT

gravé par Emmanuel Fr. comte de Toulongeon (après 1784)

Le voici d'abord, en 1758, *tel qu'il se souhaitait :*

Mon ami, vous connaissez Ariste ; c'est de lui que je tiens ce que je vais vous en raconter. Il avait alors quarante ans. Il s'était particulièrement livré à l'étude de la philosophie. On l'avait surnommé le Philosophe, parce qu'il était né sans ambition, qu'il avait l'âme honnête, et que l'envie n'en avait jamais altéré la douceur et la paix. Du reste, grave dans son maintien, sévère dans ses mœurs, austère et simple dans ses discours, le manteau d'un ancien philosophe était presque la seule chose qui lui manquât ; car il était pauvre, et content de sa pauvreté.

Un jour qu'il s'était proposé de passer avec ses amis quelques heures à s'entretenir sur les lettres ou sur la morale, car il n'aimait pas à parler des affaires publiques, ils étaient absents, et il prit le parti de se promener seul.

Il fréquentait peu les endroits où les hommes s'assemblent. Les lieux écartés lui plaisaient davantage. Il allait en rêvant, et voici ce qu'il se disait :

J'ai quarante ans. J'ai beaucoup étudié ; on m'appelle le Philosophe. Si cependant il se présentait ici quelqu'un qui me dît : Ariste, qu'est-ce que le vrai, le bon et le beau ? aurais-je ma réponse prête ? Non. Comment, Ariste, vous ne savez pas ce que c'est que le vrai, le bon et le beau, et vous souffrez qu'on vous appelle le Philosophe !

Après quelques réflexions sur la vanité des éloges qu'on prodigue sans connaissance, et qu'on accepte sans pudeur, il se mit à rechercher l'origine de ces idées fondamentales de notre conduite et de nos jugements(...).

Après cet entretien avec lui-même, Ariste conçut qu'il avait encore beaucoup à apprendre. Il rentra chez lui. Il s'y renferma pendant une quinzaine d'années. Il se livra à l'histoire, à la philosophie, à la morale, aux sciences et aux arts ; et il fut à cinquante-cinq ans homme de bien, homme instruit, homme de goût, grand auteur et critique excellent. *(De la poésie dramatique,* XXII, *Des auteurs et des critiques.)*

Neuf ans plus tard, il campe de lui-même un portrait moins à l'antique et sans doute plus vrai. Il y retouche et corrige les traits, à son avis trop flattés, de la belle toile exposée par Michel van Loo au Salon de 1767 *:*

Moi. J'aime Michel ; mais j'aime encore mieux la vérité. Assez ressemblant ; il peut dire à ceux qui ne le reconnaissent pas, comme le jardinier de l'opéra-comique: C'est qu'il ne m'a jamais vu sans perruque. Très vivant ; c'est sa douceur, avec sa vivacité ; mais trop jeune, tête trop petite, joli comme une femme, lorgnant, souriant, mignard, faisant le petit bec, la bouche en cœur ; rien de la sagesse de couleur du *Cardinal de Choiseul ;* et puis un luxe de vêtement à ruiner le pauvre littérateur, si le receveur de la capitation vient à l'imposer sur sa robe de chambre. L'écritoire, les livres, les accessoires, aussi bien qu'il est possible, quand on a voulu la couleur brillante, et qu'on veut être harmonieux. Pétillant de près, vigoureux de loin, surtout les chairs. Du reste, de belles mains bien modelées, excepté la gauche, qui n'est pas dessinée. On le voit de face ; il a la tête nue ; son toupet gris, avec sa mignardise, lui donne l'air d'une vieille coquette qui fait encore l'aimable ; la position d'un secrétaire d'État, et non d'un philosophe. La fausseté du premier moment a influé sur tout le reste. C'est cette folle de Madame van Loo, qui venait jaser avec lui tandis qu'on le peignait, qui lui a donné cet air-là, et qui a tout gâté. Si elle s'était mise à son clavecin, et qu'elle eût préludé ou chanté,

Non ha ragione, ingrato,
Un core abbandonato,

ou quelque autre morceau du même genre, le philosophe sensible eût pris un tout autre caractère ; et le portrait s'en serait ressenti. Ou, mieux encore, il fallait le laisser seul, et l'abandonner à sa rêverie. Alors sa bouche se serait entr'ouverte, ses regards distraits se seraient portés au loin, le travail de sa tête, fortement occupée, se serait peint sur son visage ; et Michel eût fait une belle chose. Mon joli philosophe, vous me serez à jamais un témoignage précieux de l'amitié d'un artiste, excellent artiste, plus excellent homme. Mais que diront mes petits-enfants, lorsqu'ils viendront à comparer mes tristes ouvrages avec ce riant, mignon, efféminé, vieux coquet-là ? Mes enfants, je vous préviens que ce n'est pas moi. J'avais en une journée cent physionomies diverses, selon la chose dont j'étais affecté.

PORTRAIT DE DIDEROT PAR VAN LOO (1767)
Musée du Louvre

PORTRAIT DE DIDEROT *gravé en* 1766, *par Augustin de Saint-Aubin, d'après Greuze — Grimm en disait : « C'est dommage que la ressemblance et la physionomie n'y soient point du tout. Un certain barbouilleur de la Place Dauphine, nommé Garand, a fait pour moi un profil cent fois plus ressemblant. »*

J'étais serein, triste, rêveur, tendre, violent, passionné, enthousiaste ; mais je ne fus jamais tel que vous me voyez là. J'avais un grand front, des yeux très vifs, d'assez grands traits, la tête tout à fait du caractère d'un ancien orateur, une bonhomie qui touchait de bien près à la bêtise, à la rusticité des anciens temps. Sans l'exagération de tous les traits dans la gravure qu'on a faite d'après le crayon de Greuze, je serais infiniment mieux. J'ai un masque qui trompe l'artiste : soit qu'il y ait trop de choses fondues ensemble, soit que, les impressions de mon âme se succédant très rapidement et se peignant toutes sur mon visage, l'œil du peintre ne me retrouvant pas le même d'un instant à l'autre, sa tâche devienne beaucoup plus difficile qu'il ne la croyait. Je n'ai jamais été bien fait que par un pauvre diable appelé Garand, qui m'attrapa, comme il arrive à un sot qui dit un bon mot. Celui qui voit mon portrait par Garand me voit. *Ecco il vero Pulcinella.*

PORTRAIT DE DIDEROT

gravure de Delannoy, d'après la peinture de Garand (1760)

Ce portrait à l'huile fut exécuté pour Grimm à la Chevrette, Diderot étant immobilisé par un léger accident au pied. Voici ce qu'il en écrit lui-même : « Je suis représenté tête nue, en robe de chambre, assis dans un fauteuil, le bras droit soutenant le gauche et celui-ci servant d'appui à la tête, le col débraillé et jetant mes regards au loin comme quelqu'un qui médite. Je médite, en effet, sur cette toile, j'y vis, j'y respire, j'y suis animé, la pensée paraît à travers le front. On peint Madame d'Épinay en regard de moi, c'est vous dire en un mot à qui les deux tableaux sont destinés. »

Cette mobilité du visage, Diderot y voit le signe des complexités de sa nature, quelque chose aussi qui l'apparente à ses concitoyens de Langres :

Les habitants de ce pays ont beaucoup d'esprit, trop de vivacité, une inconstance de girouettes ; cela vient, je crois, des vicissitudes de leur atmosphère qui passe en vingt-quatre heures du froid au chaud, du calme à l'orage, du serein au pluvieux. Il est impossible que ces effets ne se fassent sentir sur eux, et que leurs âmes soient quelque temps de suite dans une même assiette. Elles s'accoutument ainsi, dès la plus tendre enfance, à tourner à tout vent. La tête d'un Langrois est sur ses épaules comme un coq d'église au haut d'un clocher : elle n'est jamais fixe dans un point, et si elle revient à celui qu'elle a quitté, ce n'est pas pour s'y arrêter. Avec une rapidité surprenante dans les mouvements, dans les désirs, dans les projets, dans les fantaisies, dans les idées, ils ont le parler lent. Pour moi, je suis de mon pays ; seulement, le séjour de la capitale et l'application assidue m'ont un peu corrigé. Je suis constant dans mes goûts ; ce qui m'a plu une fois me plaît toujours, parce que mon choix est toujours motivé : que je haïsse ou que j'aime, je sais pourquoi. Il est vrai que je suis porté naturellement à négliger les défauts et à m'enthousiasmer des qualités. Je suis plus affecté des charmes de la vertu que de la difformité du vice ; je me détourne doucement des méchants, et je vole au-devant des bons. S'il y a dans un ouvrage, dans un caractère, dans un tableau, dans une statue, un bel endroit, c'est là que mes yeux s'arrêtent ; je ne vois que cela ; je ne me souviens que de cela ; le reste est presque oublié. Que deviens-je lorsque tout est beau ? Vous le savez, vous, ma Sophie ; vous le savez, vous, mon amie ; un tout est beau, lorsqu'il est un ; en ce sens, Cromwell est beau, et Scipion aussi, et Médée, et Arria, et César, et Brutus. *(A Sophie Volland,* 10 août 1759.*)*

Le milieu provincial et familial l'a marqué plus qu'on ne serait tenté de le croire. La mort de son père le coutelier fixa dans la mémoire de Diderot une image dont, jusqu'à sa propre fin, la valeur d'exemple ne devait cesser de croître. Voici Diderot au moment même de ce deuil :

...J'ai éprouvé bien des sensations diverses. Imaginez que j'ai toujours été assis à table vis-à-vis d'un portrait de mon père, qui est mal peint, mais qu'on a fait tirer il y a seulement quelques années, et qui ressemble assez ; que nos journées ont été employées à lire des papiers écrits de sa main, et que ces derniers moments se passent à remplir des malles de hardes qui ont été à son usage, et qui peuvent être au mien. Toutes ces relations qui lient les hommes entre eux d'une manière si douce ont pourtant des instants bien cruels. Bien cruels ! j'ai tort : je suis à présent dans une mélancolie que je ne changerais pas pour toutes les joies bruyantes du monde. Je suis appuyé sur le lit où il a été malade pendant quinze mois. Ma sœur se relevait dix fois la nuit pour lui apporter des linges chauds, pour rappeler la vie qui commençait à s'éloigner des extrémités de son corps. Il fallait qu'elle traversât un long corridor pour arriver à cette alcôve, où il s'était réfugié depuis la mort de sa femme. Leur lit commun était resté vacant depuis onze ans. Pour soulager sa fille dans les soins continuels qu'elle lui rendait, il vainquit sa répugnance, et vint se replacer dans ce lit. En y entrant, il dit : *Je me trouve mieux, mais je n'en sortirai pas.* Il se trompait ; il mourut, ou plutôt il s'endormit, pour ne plus se réveiller, dans un fauteuil, entre son fils, sa fille et quelques-uns de ses amis. Il s'échappa d'au milieu d'eux sans qu'ils s'en aperçussent. *(A Sophie Volland,* 14 août 1759.*)*

Onze ans plus tard, la figure de ce père intègre lui est plus présente encore, et des regrets l'assaillent lorsqu'il songe aux tourments que sa jeunesse dissipée infligea à cet homme de bien :

... Cet homme, que les gens de bien regrettent encore, et qu'une foule de pauvres, qu'il secourait à l'insu de sa famille, accompagnèrent au dernier domicile, mourut, ou plutôt s'endormit du sommeil des justes, le lendemain de son retour [1], le jour de la Pentecôte, entre son fils et sa fille, qui craignaient de réveiller leur père qui n'était déjà plus. J'étais alors à Paris. Je n'ai vu mourir ni mon père, ni ma mère ; je leur étais cher, et je ne doute point que les yeux de ma mère ne m'aient cherché à son dernier instant. Il est minuit. Je suis seul, je me rappelle ces bonnes gens, ces bons parents ; et mon cœur se serre quand je pense qu'ils ont eu toutes les inquiétudes qu'ils devaient éprouver sur le sort d'un jeune homme violent et passionné, aban-

1. Didier Diderot était allé se soigner à Bourbonne.

donné sans guide à tous les fâcheux hasards d'une capitale immense, le séjour du crime et des vices, sans avoir recueilli un instant de la douceur qu'ils auraient eue à le voir, à en entendre parler, lorsqu'il eut acquis par sa bonté naturelle, et par l'usage de ses talents, la considération dont il jouit. Et souhaitez après cela d'être père ! J'ai fait le malheur de mon père, la douleur de ma mère tandis qu'ils ont vécu, et je suis un des enfants les mieux nés qu'on puisse se promettre ! Je me loue moi-même : cependant je ne suis rien moins que vain ; car une des choses qui m'aient fait le plus de plaisir, c'est le propos bourru que me tint un provincial quelques années après la mort de mon père. Je traversais une des rues de ma ville ; il m'arrêta par le bras, et me dit : *Monsieur Diderot, vous êtes bon ; mais si vous croyez que vous vaudrez jamais votre père, vous vous trompez.* Je ne sais si les pères sont contents d'avoir des enfants qui vaillent mieux qu'eux ; mais je le fus, moi, de m'entendre dire que mon père valait mieux que moi. *(Voyage à Bourbonne.)*

Et Diderot met au nombre de ses plus chers souvenirs celui du jour où, collégien rentrant d'une distribution de prix, il vit son père pleurer de joie :

Un des moments les plus doux de ma vie, ce fut il y a plus de trente ans, et je m'en souviens comme d'hier, lorsque mon père me vit arriver du collège les bras chargés des prix que j'avais remportés, et les épaules chargées des couronnes qu'on m'avait données, et qui, trop larges pour mon front, avaient laissé passer ma tête. Du plus loin qu'il m'aperçut, il laissa son ouvrage, il s'avança sur sa porte, et se mit à pleurer. C'est une belle chose qu'un homme de bien et sévère qui pleure ! *(A Sophie Volland,* 18 octobre 1760.*)*

De sa mère, Diderot ne parle presque pas ; en revanche, nous le voyons jouer le rôle du conciliateur entre sa sœur Denise et son frère l'abbé :

Il est impossible d'imaginer trois êtres de caractères plus différents que ma sœur, mon frère et moi. Ma sœur est vive, agissante, gaie, décidée, prompte à s'offenser, lente à revenir ; sans souci ni sur le présent ni sur l'avenir ; ne s'en laissant imposer ni par les choses ni par les personnes ; libre dans ses actions, plus libre encore dans ses propos :

c'est une espèce de Diogène femelle. Je suis le seul homme qu'elle ait aimé : aussi m'aime-t-elle beaucoup ! Mon plaisir la transporte, ma peine la tuerait.

L'abbé est né sensible et serein. Il aurait eu de l'esprit, mais la religion l'a rendu scrupuleux et pusillanime. Il est triste, muet, circonspect et fâcheux. Il porte sans cesse avec lui une règle incommode à laquelle il rapporte la conduite des autres et la sienne. Il est gênant et gêné. C'est une espèce d'Héraclite chrétien, toujours prêt à pleurer sur la folie de ses semblables. Il parle peu, il écoute beaucoup : il est rarement satisfait.

Doux, facile, indulgent, trop peut-être, il me semble que je tiens entre eux un assez juste milieu. Je suis comme l'huile qui empêche ces machines raboteuses de crier, lorsqu'elles viennent à se toucher. Mais qui est-ce qui adoucira leurs mouvements quand je n'y serai plus ? C'est un souci qui me tourmente. *(A Sophie Volland,* 31 juillet 1759.*)*

« Sœurette » et l'abbé passeront toute leur vie à Langres. Entre eux et leur frère devenu parisien, les distances intellectuelles et morales se marqueront de plus en plus. Si le Philosophe garde à Denise une réelle amitié fraternelle, il n'en éprouve pas moins un peu d'agacement devant son excessive dévotion :

Sœurette, je vous salue et vous embrasse de tout mon cœur. Je joins mes souhaits de bonne fête à ceux de tous vos amis. Portez-vous bien. Ménagez votre santé. Soyez moins dévote ou soyez-le mieux. La bonne dévotion conserve la santé. Si la vôtre vous rend malade, concluez de là qu'elle n'est pas bonne et vous concluerez bien. J'en suis, moi, pour les bonnes œuvres qui engraissent. Celles qui font maigrir minent l'homme peu à peu et le tuent. Tout ce qui tend à abréger la vie est vicieux. La vertu tient le milieu entre deux excès et le mot du sage, c'est : ni trop ni trop peu. Trop de prières est tout aussi mauvais que trop peu. Jésus-Christ a dit lui-même : N'imitez pas les païens qui parlent beaucoup. Dites : Notre Père qui êtes aux cieux. La loi de nature, la loi civile et la loi religieuse nous prêchent également la conservation, et c'est les fouler aux pieds toutes trois que de ne pas se ménager assez. *(A Denise Diderot,* 4 octobre 1771.*)*

Avec l'abbé, dont on niera difficilement le fanatisme, Diderot en vient, en 1772, à une rupture définitive :

Ah, mon frère, que votre prédiction s'accomplisse ! Qu'au lit de la mort, l'existence de Dieu, l'immortalité de l'âme, la juste rétribution des châtiments et des récompenses, les avis paternels, les instructions maternelles, les bons exemples de parents religieux reviennent sur moi dans toute leur force, je n'en serai pas plus affligé dans ce moment-là que dans celui-ci. Je serai toujours sincère avec moi-même. S'il plaît à la Grâce de me dessiller les yeux, je reconnaîtrai mon erreur sans m'en désespérer, parce qu'elle est tout à fait involontaire et que, du reste, mes opinions n'ont point détérioré ma conduite. Si j'avais été chrétien, j'aurais fait tout ce que j'ai fait et rien presque de ce que vous faites, mon cher abbé. Je ne mettrai pas dans un des plats de la balance vos bonnes œuvres et dans l'autre les miennes. Tout ce que je puis vous dire, c'est que je ne changerais pas, dussé-je y gagner ! Soyez bien sûr que j'ai aussi envoyé ma provision de voyage dans mon tombeau, au cas que j'en sorte, avec cette différence que je n'ai pas prêté à usure et que je n'ai pas dit à Dieu : Donne-moi ton Paradis pour un liard !

... Monsieur l'abbé, je ne suis nullement votre serviteur. Je suis un bon philosophe, indigne de l'outrage, sensible à l'injure, à l'injustice, à la dureté, à la noirceur ; mais tout prêt à recevoir son frère, sans aigreur, sans reproches, sans ressentiment, lorsqu'il lui plaira de me rencontrer. Jusqu'à ce moment, *paix et silence*. Plus de lettres à recevoir. Plus de réponses à faire. *(A Didier-Pierre Diderot*, 13 novembre 1772.*)*

Ce que furent les études de Diderot, nous le savons mal ; plus mal encore, ses débuts parisiens, au cours des années obscures qui précédèrent son mariage. Dans une lettre à sa fiancée, il reconnaît avoir mérité le nom de « jeune libertin ». *Tel il devait être, lorsqu'il rendait visite à la future Mme Greuze :*

Ce peintre est certainement amoureux de sa femme, et il n'a pas tort. Je l'ai bien aimée, moi, quand j'étais jeune, et qu'elle s'appelait Mademoiselle Babuti. Elle occupait une petite boutique de libraire sur le quai des Augustins ; poupine, blanche et droite comme le lis, vermeille comme la rose. J'entrais avec cet air vif, ardent

LA PHILOSOPHIE ENDORMIE, *gravure d'après Greuze* (1777). *Le dessin de Greuze, qui daterait de* 1765, *est le portrait de sa femme, ex-Mademoiselle Babuti.*

et fou que j'avais ; et je lui disais : « Mademoiselle, les *Contes* de la Fontaine, un Pétrone, s'il vous plaît. — Monsieur, les voilà ; ne vous faut-il point d'autres livres ? — Pardonnez-moi, Mademoiselle ; mais... — Dites toujours. — *La Religieuse en chemise.* — Fi donc ! Monsieur ; est-ce qu'on a, est-ce qu'on lit ces vilenies-là ? — Ah ! ah ! ce sont des vilenies, Mademoiselle ? moi, je n'en savais rien... » Et puis un autre jour, quand je repassais, elle souriait, et moi aussi. *(Salon* de 1765.*)*

Tel encore à l'époque où se situent ces deux aventures, qu'il raconte, désinvolte, à Sophie Volland :

Une fois je fus invité à souper dans une maison un peu suspecte, mais que je ne connaissais pas sur ce pied. Un des fils de Julien Leroy en était. Il y avait d'autres hommes et des femmes. Je fus placé à table à côté de la maîtresse de maison. On fut gai. J'étais jeune et fou ; je plaisais, et je m'en apercevais à des regards et à d'autres signes qui n'étaient pas équivoques. On se sépara tard ; je ne sais comment cela se fit, mais je restai seul avec la maîtresse de la maison ; et ayant, selon toute apparence, à passer la nuit dans un appartement où il n'y avait qu'un lit, j'espérais qu'on m'en offrirait poliment la moitié, car c'était une femme polie. On la délaçait, j'aidais à la déshabiller, lorsqu'on heurta violemment à la porte ; c'était le jeune Leroy, qui revenait à toutes jambes m'apprendre l'état de la personne aimable et facile avec laquelle j'étais, et le péril de ses faveurs. J'étais descendu pour lui parler, je ne remontai pas... Voici le second tome. J'avais une petite chambre au coin de la rue de la Parcheminerie ; je la vois d'ici. Au-dessus de moi logeait une fille entretenue par un officier ; elle s'appelait la Desforges. Son amant partit pour la campagne de 44 ; je fis connaissance avec elle un jour qu'il faisait chaud. Je la trouvai étalée sur une bergère, dans le plus grand déshabillé ; je m'approchai des pieds du lit et des siens ; je pris les bords de la gaze qui la couvrait, et je la levai ; elle me laissa faire. Je lui dis qu'elle était belle ; et à ma place et à mon âge il était trop difficile de ne pas la trouver telle. Je me disposais à appuyer mon éloge, lorsque, interposant sa main entre ses charmes et mon désir, elle m'arrêta tout court par ce discours étrange : « Mon ami, voilà qui est fort beau (ou fort bien, je ne sais lequel des deux elle a dit) ;

mais je ne suis pas sûre de moi, et je ne sais, ajouta-t-elle, pourquoi je serais désespérée que tu eusses à te plaindre de ma complaisance. Il y a là, de l'autre côté de ma porte, un grand benêt qui me presse ; la première fois je le laisserai aller, et nous saurons si tu peux accepter sans conséquence fâcheuse ce que je ne suis que trop disposée à t'accorder. » L'expérience se fit, le grand benêt voisin en fut malade à mourir ; et j'échappai par une grâce spéciale de la Providence, qui ne m'a jamais fait que le bien de me sauver du mal, à un accident dont les libertins se rient, mais qui me fait frissonner... *(A Sophie Volland,* 28 juillet 1762.*)*

« Ah ! s'écrie-t-il, que la Vénus des carrefours m'est hideuse ! » *On peut l'en croire. En* 1773 *— il a soixante ans — alors qu'un libertin portugais rencontré à La Haye lui propose une partie de débauche, il confie à Mme d'Épinay :* « Ces cours de physique n'ont jamais été de mon goût et ne sont plus de mon âge. » *Quant aux maîtresses — Mme de Puisieux, Mme de Meaux peut-être — nous ne savons trop comment Diderot se comportait auprès d'elles. Les textes abondent, au contraire, qui nous renseignent sur ses sentiments pour Mlle Volland :*

Combien je redouterais le vice, quand je n'aurais pour juge que ma Sophie ! J'ai élevé dans son cœur une statue que je ne voudrais jamais briser. Quelle douleur pour elle, si je me rendais coupable d'une action qui m'avilît à ses yeux ! N'est-il pas vrai que vous m'aimeriez mieux mort que méchant ? Aimez-moi donc toujours, afin que je craigne toujours le vice. Continuez de me soutenir dans le chemin de la bonté. Qu'il est doux d'ouvrir ses bras, quand c'est pour y recevoir et pour y serrer un homme de bien ! C'est cette idée qui consacre les caresses. Qu'est-ce que les caresses de deux amants, lorsqu'elles ne peuvent être l'expression du cas infini qu'ils font d'eux-mêmes ? Qu'il y a de petitesse et de misère dans les transports des amants ordinaires ! Qu'il y a de charmes, d'élévation et d'énergie dans nos embrassements ! Venez, ma Sophie, venez ! Je sens mon cœur échauffé. Cet attendrissement qui vous embellit va paraître sur ce visage. Il y est. Ah ! que n'êtes-vous à côté de moi pour en jouir ! Si vous me voyiez dans ce moment, que vous seriez heureuse ! *(A Sophie Volland,* 4 juin 1759.*)*

J'ai vu toute la sagesse des nations et j'ai pensé qu'elle ne valait pas la douce folie que m'inspirait mon amie. J'ai entendu leurs discours sublimes et j'ai pensé qu'une parole de la bouche de mon amie porterait dans mon âme une émotion qu'ils ne me donnaient pas. Ils me peignaient la vertu et leurs images m'échauffaient ; mais j'aurais encore mieux aimé voir mon amie, la regarder en silence, et verser une larme que sa main aurait essuyée ou que ses lèvres auraient recueillie. Ils cherchaient à me décrier la volupté et son ivresse, parce qu'elle est passagère et trompeuse, et je brûlais de la trouver entre les bras de mon amie, parce qu'elle s'y renouvelle quand il lui plaît et que son cœur est droit et que ses caresses sont vraies. Ils me disaient : Tu vieilliras ; et je répondais en moi-même : Ses ans passeront avec les miens. Vous mourrez tous deux ; et j'ajoutais : Si mon amie meurt avant moi, je la pleurerai et je serai heureux en la pleurant. Elle fait mon bonheur aujourd'hui ; demain elle fera mon bonheur, et après-demain, et après-demain encore, et toujours, parce qu'elle ne changera point, parce que les dieux lui ont donné le bon esprit, la droiture, la sensibilité, la franchise, la vertu, la vérité qui ne change point. Et je fermai l'oreille aux conseils austères des philosophes ; et je fis bien, n'est-ce pas, ma Sophie ? *(A Sophie Volland,* 30 octobre 1759.*)*

Connaissez-vous la centième partie de ma passion ? C'est moi seul qui sais combien je vous aime. Vous l'ignorez et vous l'ignorerez toujours. Je ne sais si mon sentiment n'est pas au-dessus de toutes les épreuves de la vie. Oui, je suis content de mon cœur ; mais le reste est misérable, très misérable ; il me fait pitié. Je suis trop heureux que vous ne sachiez pas ce que vous valez ni ce qu'un amant comme moi est capable de faire. Ah ! mon amie, l'amour et l'amitié ne sont pas pour moi ce qu'ils sont pour le reste des hommes ! Quand je me suis dit une fois dans mon cœur : Je suis son amant, je suis son ami, je vous effrayerais peut-être si je vous disais tout ce que je me suis dit en même temps. Tenez, mon amie : ou l'amour et l'amitié ne sont rien, ou elles nous font accompagner celui que nous aimons jusqu'au dernier supplice, jusque sur... Petites âmes, je n'achève pas, de peur de vous faire frémir. L'amour, l'amitié, la religion sont à la tête des plus violents enthousiasmes de la vie. *(A Sophie Volland,* 14 juillet 1762.*)*

Il ne peut y avoir de bonheur pour un homme simple comme moi au milieu de huit cent mille âmes. Que je vive obscur, ignoré, oublié, proche de celle que j'aime, jamais je ne lui causerai la moindre peine et, près d'elle, le chagrin n'osera pas approcher de moi. Est-il prêt, ce petit asile ? Venez le partager ! Nous nous verrons le matin ; j'irai, tout en m'éveillant, savoir comment vous avez passé la nuit ; nous causerons ; nous nous séparerons pour brûler de nous rejoindre ; nous dînerons ensemble ; nous irons nous promener au loin, jusqu'à ce que nous ayons rencontré un endroit dérobé où personne ne nous aperçoive. Là nous dirons que nous nous aimons et nous nous aimerons ; nous rapporterons sur des fauteuils la douce et légère fatigue des plaisirs, et nous jouerons si le souper se fait trop attendre. Nous souperons d'appétit, car nous en aurons. Nous irons sur une couche bien mollette, l'âme contente, l'esprit libre, le corps sain, attendre un lendemain aussi beau que la veille et nous passerons un siècle pareil sans que notre attente soit jamais trompée. Le beau rêve ! *(A Sophie Volland,* 21 juillet 1765.*)*

A ces hymnes et ces rêves d'amour, les plaintes de Diderot sur sa vie conjugale font un assez grinçant contrepoint. « En vérité, *écrit-il à Grimm,* cette femme a l'air féroce. » *Et, au même :*

Cette malheureuse femme, le plus monstrueux composé que je connaisse, qui m'avait si malmené depuis un mois qu'enfin j'avais pris le parti avec elle de me taire et à qui je n'avais pas dit depuis trois jours ni oui ni non, parce que pour oui ou non j'avais une scène, s'est tellement affectée de mon silence, que la nuit d'avant-hier elle a eu une de ses attaques ; vous pensez bien que ni mon silence, ni mon projet, ni mon apparente indifférence n'ont pas tenu là contre et que je suis allé à son secours. *(A Grimm,* 7 octobre 1772.*)*

Angélique heureusement est là, qui met dans la maison un rayon de soleil. La voici qui prononce un beau compliment pour la fête de son père :

Je devais partir le mardi pour aller au Grandval avec le Grimm, d'Alainville et Montami. J'annonçai mon voyage. Au premier mot, je vis le visage de la mère et celui de l'enfant s'allonger. L'enfant avait un compliment tout prêt et il ne fallait pas que la peine de l'avoir appris fût perdue. La mère avait projeté un grand dîner pour le dimanche. Tout s'est arrangé : j'ai fait mon voyage et je suis revenu pour me faire haranguer et fêter. L'enfant a prononcé sa petite harangue à ravir. Au milieu, comme il se trouvait quelques mots de prononciation difficile, elle s'est arrêtée et m'a dit : « Mon papa, c'est que je suis brèche-dent » ; en effet les deux dents du devant lui sont tombées. Elle a continué. Sur la fin, comme elle avait un bouquet à me présenter et qu'elle ne retrouvait point encore ce bouquet, elle s'est arrêtée une seconde fois pour me dire : « Voici bien le pis de l'histoire, c'est que mon œillet s'est égaré. » Elle a achevé sans déferrer, puis elle s'est mise à la quête de sa fleur, qui est venue la dernière. Nous dinâmes hier en grande compagnie. Madame avait rassemblé toutes ses amies. Je fus très gai, je bus, je mangeai. Je fis à merveille les honneurs de ma table. Au sortir de table, je jouai, je ne sortis point. Je reconduisis tout le monde entre onze heures et minuit ; je fus charmant, et si vous saviez avec qui ! Quelles physionomies ! quelles gens ! quels discours ! quelle joie ! On tremblait un peu sur la manière dont j'en userais. On rendait plus de justice à mon goût qu'à mes égards et à ma complaisance : ce n'est pas qu'on n'eût bon nombre de preuves de l'un et de l'autre. *(A Sophie Volland*, 12 octobre 1761.*)*

Lorsqu'Angélique atteint l'âge de quinze ans, Diderot, qui s'est fait son précepteur, la trouve si avancée qu'il l'initie à la différence entre les sexes :

Je suis fou à lier de ma fille... Je l'ai trouvée si avancée que, dimanche passé, chargé par sa mère de la promener, j'ai pris mon parti et lui ai révélé tout ce qui tient à l'état de femme, débutant par cette question : « Savez-vous quelle est la différence des deux sexes ? » De là, je pris occasion de lui commenter toutes ces galanteries qu'on adresse aux femmes. « Cela signifie, lui dis-je : Mademoiselle, voudriez-vous bien, par complaisance pour moi, vous déshonorer, perdre tout état, vous bannir de la société, vous renfermer à jamais dans un couvent et faire mourir de douleur votre père et votre mère ? » Je lui ai appris ce qu'il fallait dire et taire, entendre et ne pas écouter ;

le droit qu'avait sa mère à son obéissance ; combien était noire l'ingratitude d'un enfant qui affligeait celle qui avait risqué sa vie pour la lui donner ; qu'elle ne me devait de la tendresse et du respect que comme à un bienfaiteur ; qu'il n'en était pas ainsi de sa mère ; quelle était la vraie base de la décence, la nécessité de voiler des parties de soi-même dont la vue inviterait au vice. Je ne lui laissai rien ignorer de tout ce qui pouvait se dire décemment ; et là-dessus elle remarqua qu'instruite à présent, une faute commise la rendrait bien plus coupable, parce qu'il n'y aurait plus ni l'excuse de l'ignorance, ni celle de la curiosité... J'ai consulté sur cet entretien quelques gens sensés : ils m'ont tous dit que j'avais bien fait. Serait-ce qu'il ne faut point blâmer une chose à laquelle il n'y a plus de remède ?

Elle m'a dit qu'elle ne s'était jamais occupée de ces choses-là, parce qu'il viendrait apparemment un moment où il conviendrait de les lui apprendre ; qu'elle n'avait pas encore songé au mariage, mais que, si cette fantaisie l'importunait, elle ne s'en cacherait pas et qu'elle nous dirait nettement à sa mère et à moi : « Papa, maman, mariez-moi », parce qu'elle ne voyait point de honte à cela.

Si je perdais cet enfant, je crois que j'en périrais de douleur : je l'aime plus que je ne saurais vous dire. *(A Sophie Volland*, 22 novembre 1768.*)*

Angélique se marie. Diderot, bien que satisfait de cette union, souffre d'être séparé de son enfant. Une lettre à la mère de son gendre, écrite seize jours après le mariage, suffit à montrer quelle sera désormais son attitude à l'égard du jeune ménage :

Si je vous disais que je suis bien heureux, je vous tromperais. Je suis seul ; je cherche mon enfant à toutes les heures du jour et je ne le trouve plus. Si j'avais une femme avec laquelle je pusse oublier ma perte, je m'en consolerais : mais je ne l'ai pas. Ils demeurent à côté de moi, il est vrai ; mais il y a bien de la différence entre vivre ensemble et s'aller chercher ; et puis ma vie sédentaire et occupée ne me permettra pas de sortir aussi fréquemment que nous le désirerions tous. Je suis profondément chagrin. Mme Diderot a une âme si difficile à apaiser qu'il est impossible de lui proposer de visiter ses enfants, et elle reçoit ses enfants si durement qu'il faut qu'ils soient autant attachés à leurs devoirs qu'ils le sont, pour venir la voir au hasard de se séparer d'elle l'âme flétrie, le cœur gros et les larmes aux yeux, comme il est arrivé deux ou trois fois à ma fille qui, sans être faible, n'a pourtant pas la force d'âme de son mari, qui prend la chose un peu plus sensément et qui attend de l'avenir, de sa bonne conduite, du bonheur de sa femme, un peu de reconnaissance de la part de sa mère. Je n'ai trouvé jusqu'à présent qu'une seule consolation qui m'ait réussi, c'est de visiter le nid de ces jeunes oiseaux, de sortir bien vite et d'y rapporter dans mon bec la plume ou le brin de paille qui y manquait. Je ne veux pas qu'ils attendent ma mort pour jouir de ce qu'ils peuvent espérer de moi. Voici les instants difficiles pour eux : je mets tout en œuvre pour les alléger. Il y a chez moi deux bourses : l'une commune à ma femme et à moi ; l'autre qui m'est propre et particulière ; tant qu'il y aura un écu dans celle-ci, je le verserai dans leurs mains. Je ne toucherai pas à la bourse commune, cela serait injuste. C'est le fruit du travail du mari et des économies de la femme. Pour l'autre, elle m'appartient ; j'en puis disposer à mon gré, parce que c'est le fruit de mon travail surérogatoire et de mes économies particulières. Ils n'auront à l'avenir, comme il leur arrive aujourd'hui, qu'un souci, c'est de mettre eux-mêmes des bornes à ma tendresse. Je veux qu'en attendant que je puisse placer Caroillon à mon gré et au sien, lui et sa femme soient aisés ; je veux qu'une fois Caroillon placé, ils soient riches, du moins plus riches que je ne l'ai jamais été. Je suis obligé de les aimer pour deux et je me sens en force pour cela. J'aurai pour eux la tendresse et la bienfaisance d'un beau-père et d'une belle-mère à la fois... Ils s'aiment à la folie tous les deux ; il y a cependant dans leur maintien l'honnêteté et la décence convenables. Ils sont comme s'il y avait déjà longtemps qu'ils se connussent et comme je souhaite qu'ils restent toujours. *(A Mme Caroillon,* 25 septembre 1772.*)*

Parallèlement aux joies et soucis familiaux, la vie de société tient une place importante dans l'existence du philosophe. Il est, chez d'Holbach, un habitué de « la synagogue de la Rue Royale » et du Grandval ; il fréquente à la Chevrette, chez Mme d'Épinay ; plus tard, chez les Necker. Le voici avec d'Holbach, et regrettant l'absence de Grimm, lors d'une promenade à Marly :

Nous dinâmes tous d'appétit. Notre Baron fut d'une folie sans égale. Il a de l'originalité dans le ton et dans les idées. Imaginez un satyre gai, piquant, indécent et nerveux, au milieu d'un groupe de figures chastes, molles et délicates. Tel il était entre nous. Il n'aurait ni offensé ni embarrassé mon ami Grimm, parce qu'il permet à l'imagination ses écarts et que le mot ne lui déplaît que quand il est mal placé. Oh ! combien il fut regretté, cet ami ! Que ce fut un intervalle, dans notre repas, bien doux que celui où nos âmes s'ouvrirent et où nous nous mîmes à peindre et à louer nos amis absents ! Quelle chaleur d'expressions, de sentiment et d'idées ! Quel enthousiasme ! Que nous étions heureux d'en parler ! Qu'ils l'auraient été de nous entendre ! Oh, mon Grimm ! Qui est-ce qui vous rendra mes discours !

Notre dîner fut long et ne dura pas... Nous nous entretînmes d'art, de poésie, de philosophie et d'amour ; de la grandeur et de la vanité de nos entreprises ; du sentiment et du ver de l'immortalité ; des hommes, des dieux et des rois ; de l'espace et du temps ; de la mort et de la vie : c'était un concert au milieu duquel le mot dissonant de notre Baron se faisait toujours distinguer. *(A Sophie Volland*, 10 mai 1759*)*.

« LE REPAS DES PHILOSOPHES ».
Gravure par Huber.

Que Diderot ait souffert, quels qu'aient pu être ses propres torts, de voir se rompre le lien qui, pendant plus de dix-huit années, l'avait attaché à Rousseau, cela ne paraît pas douteux. Les lignes qui suivent, adressées à Sophie Volland au moment de la rupture publique (qui fut le fait de Jean-Jacques), l'attestent suffisamment :

Voilà, ma tendre et solide amie, l'ouvrage du grand sophiste. Je ne l'ai pas lu, je ne me sens pas encore l'âme assez tranquille pour en juger sans partialité. Il vaut mieux différer une action que de se hâter de commettre une injustice. Méfiez-vous aussi un peu de votre cœur et craignez que le mécontentement de la personne n'aille jusqu'à l'auteur. Écoutez-le comme si je n'avais point à me plaindre de lui.

On peut donc être éloquent et sensible sans avoir ni principes d'honneur, ni véritable amitié, ni vertu, ni véracité ! Cela me fâche bien. Si cet homme n'a pas un système de dépravation tout arrangé dans sa tête, que je le plains ! et s'il s'est fait des notions de justice et d'injustice qui le réconcilient avec la noirceur de ses procédés, que je le plains encore ! Dans l'édifice moral, tout est lié. Il est difficile qu'un homme écrive sans cesse des paradoxes et qu'il soit simple dans ses mœurs. *(A Sophie Volland,* 4 juin 1759.*)*

Au lendemain de la mort du Citoyen, alors que « les Philosophes » s'inquiètent de ce que pourront être les révélations posthumes des Confessions, *Diderot, dans la première édition de son* Essai sur les règnes de Claude et de Néron, *traite l'ancien ami d'*« artificieux scélérat », *d'*« homme atroce », *d'*« ingrat qui dit du mal de ses bienfaiteurs ». *Il dénonce* « la turpitude secrète d'une vie cachée pendant plus de cinquante ans sous le masque de l'hypocrisie ». *Cependant, quatre ans plus tard, il cherche à corriger un peu l'effet de ces amers reproches :*

Rousseau n'est plus. Quoiqu'il eût accepté de la plupart d'entre nous, pendant de longues années, tous les secours de la bienfaisance et tous les services de l'amitié, et qu'après avoir reconnu et confessé mon innocence, il m'ait perfidement et lâchement insulté, je ne l'ai ni persécuté ni haï. J'estimais l'écrivain, mais je n'estimais pas l'homme ; et le mépris est un sentiment froid qui ne pousse à aucun procédé violent. Tout mon ressentiment s'est réduit à repousser les avances réitérées qu'il a faites pour se rapprocher de moi : la confiance n'y était plus.

Je n'en veux point à sa mémoire, mais si Jean-Jacques fut un homme de bien, on en pourrait conclure, et les méchants en ont conclu, qu'il avait été longtemps entouré de pervers. Lui-même, en plusieurs endroits de ses ouvrages, a suggéré cette conséquence à la malice de son lecteur ; et plus il est devenu célèbre par son talent et l'austérité prétendue de ses mœurs, plus il me semblait important de rompre le silence.

Ce n'est point une satire que j'écris, c'est mon apologie, c'est celle d'un assez grand nombre de citoyens qui me sont chers ; c'est un devoir sacré que je remplis. Si je ne m'en suis pas acquitté plus tôt, si je n'entre pas ici dans un détail de faits sans réplique, plusieurs de ses défenseurs connaissent mes raisons, les approuvent... Mais Rousseau lui-même, dans un ouvrage posthume où il vient de se déclarer fou, orgueilleux, hypocrite et menteur, a levé un coin du voile : le temps achèvera et justice sera faite du mort, lorsqu'on le pourra sans affliger les vivants. Pour moi, j'ai dit tout ce que je pouvais dire sans m'exposer à des reproches et je n'y reviendrai plus. *(Œuvres complètes*, III, 99.*)*

L'expérience de l'amitié a été cruelle pour Diderot ; il dit, à la fin de sa vie, sa désillusion :

L'amour est l'ivresse de l'homme adulte ; l'amitié est la passion de la jeunesse ; c'est alors que j'étais lui, qu'il était moi. Ce n'était point un choix réfléchi ; je m'étais attaché je ne sais par quel instinct secret de la conformité. S'il eût été sage, je ne l'aurais pas aimé ; je ne l'aurais pas aimé, s'il eût été fou : il me le fallait sage ou fou de cette manière. J'éprouvais ses plaisirs, ses peines, ses goûts, ses aversions ; nous courions les mêmes hasards : s'il avait une fantaisie, j'étais surpris de ne pas l'avoir eue le premier ; dans l'attaque, dans la défense, jamais il ne nous vint en pensée d'examiner qui de nos adversaires ou de nous avait tort ou raison ; nous n'avions qu'une bourse ; je n'étais indigent que quand il était pauvre. S'il eût été tenté d'un forfait, quel parti aurais-je pris ? je l'ignore.

J'aurais été déchiré de l'horreur de son projet, si j'en avais été frappé, et de la douleur de l'abandonner seul à son mauvais sort. Qu'est devenue cette manière d'exister si une, si violente et si douce ? A peine m'en souviens-je ; l'intérêt personnel l'a successivement affaiblie. Je suis vieux et je m'avoue, non sans amertume et sans regret, qu'on a des liaisons d'habitude dans l'âge avancé, mais qu'il ne reste en nous, autour de nous, que le vain simulacre de l'amitié. *(Œuvres complètes*, III, 204.*)*

Ce retrait en soi-même, les circonstances certes l'ont, pour une part, déterminé. Mais on connaîtrait mal Diderot si l'on ne savait que, sous les apparences d'une nature expansive, portée vers le dehors, il dissimulait un penchant à la solitude et le sentiment d'être, parmi les hommes, un « étranger ». *Que de fois, dans sa* Correspondance, *dans les* Salons, *n'a-t-il pas dit l'apaisement qu'il trouvait au sein de la nature :*

On ne se défend pas de cette paix de la nature qui règne sans cesse autour de soi. On s'en défend d'autant moins qu'elle agit imperceptiblement. Ce n'est point une éloquence qu'on entende, c'est une persuasion qu'on respire ; c'est un exemple auquel on se conforme par une pente naturelle à se mettre à l'unisson avec tout ce qu'on voit. L'immobilité des arbres nous arrête ; l'étendue d'une plaine égare nos yeux et notre âme ; le bruit égal et monotone des eaux nous endort. Il semble que tout nous berce dans les champs... Toutes les douleurs ici finissent par être lentes et mélancoliques... D'instinct on s'assied, on se repose, on regarde sans voir, on abandonne son cœur, son âme, son esprit, ses sens, à toute leur liberté : c'est-à-dire qu'on ne fait rien, pour être au ton de tous les êtres. Ils sont, et l'on est. Tout est utile, tout sert, tout concourt, tout est bon ; on n'est rien sans y tâcher. Est bien mal né, est bien méchant, est bien profondément pervers, celui qui médite le mal au milieu des champs. Il lutte contre l'impulsion de la nature entière, qui lui répète à voix basse et sans cesse, qui lui murmure à l'oreille : Demeure en repos, reste comme tout ce qui t'environne, dure comme tout ce qui t'environne, jouis doucement comme tout ce qui t'environne, laisse aller les heures, les jours, les années, comme tout ce qui t'environne, et passe comme tout ce qui t'environne ! Voilà la leçon continue de la nature. *(A Sophie Volland*, fragment sans date.*)*

Dessiné par Gregorius Gravé par Pillement.

B.R

LA BERGÈRE DES ALPES.

Tout au long de ses journées parisiennes, dont une partie se dépense en besognes fastidieuses, Diderot est comme obsédé par les idées qu'il brûle d'exprimer :

Voici comment ma journée se passe... Ma tête s'est échauffée sur une question importante qui me tyrannise sans cesse. Elle me suit dans les rues. Elle me rend distrait en société. Elle m'interrompt dans mes occupations les plus essentielles. Elle m'ôte le sommeil pendant la nuit. Vous souvenez-vous de la farce de Patelin ? Je ressemble trait pour trait à M. Guillaume qui brouille sans cesse, dans son plaidoyer, son drap et ses moutons. Ma question, c'est mon drap. Le reste est moutons pour moi. Quand on me parle de moutons, j'en parle aussi ; mais je n'en saurais parler un peu de temps que mon drap ne vienne se fourrer à travers. La matinée, je suis donc à mon drap ; je garde la maison, j'élève l'enfant, je soigne la mère, quand le domestique est absent ; au milieu de cela s'ébauche une feuille pour Grimm. J'en ai fait deux charmantes : l'une sur la peinture, l'autre sur la religion. La première est partie, ainsi vous ne la verrez pas. Je vous enverrai la seconde. J'oubliais de vous dire que cette maudite question me donne des *souleurs* continuelles ; il me semble toujours que je me suis trompé en quelque endroit. J'ai des doutes sur les propositions les plus claires ; d'un instant à l'autre tout me semble détruit ou refait, et me voilà revenu de mes moutons à mon drap. Mais ce terme : *souleurs*, qui signifie, dans notre patois langrois, ce serrement d'âme qu'on éprouve subitement par quelque terreur panique, est-il ou n'est-il pas français ? Français ou non, peu m'importe : il dit bien ce que je veux dire. A trois heures, je suis chez Lebreton. J'y travaille jusqu'à sept, sept et demie. Mon ouvrage fait ou non, je me hâte de déloger. Entre huit et neuf, je vais sur le Quai des Miramiones chercher une lettre que je n'y trouve point. Je fais un tour au coin de la Rue de la Femme-sans-tête. Il est à peu près dix heures quand je rentre chez moi. *(A Sophie Volland,* 15 octobre 1762.*)*

C'est dans son cabinet de travail, plume en main, livré à sa méditation, que Diderot, enfin, se retrouve, se possède lui-même. Il a dit, un jour, à Catherine de Russie, comment il travaillait :

J'examine, premièrement, si la chose peut être mieux faite par moi que par un autre, et je la fais.

Si j'ai le moindre soupçon qu'elle peut être mieux faite par un autre que par moi, quelque avantage que je puisse y trouver, je la lui renvoie, car le point important n'est pas que je fasse la chose, mais qu'elle soit faite.

Lorsque j'ai pris mon parti, je pense chez moi le jour, la nuit, en société, dans les rues, à la promenade ; ma besogne me poursuit.

J'ai sur mon bureau un grand papier, sur lequel je jette un mot de réclame de mes pensées, sans ordre, en tumulte, comme elles viennent.

Lorsque ma tête est épuisée, je me repose, je donne le temps aux idées de repousser ; c'est ce que j'ai appelé quelquefois ma *recoupe*, métaphore empruntée à l'un des travaux de la campagne.

Cela fait, je reprends ces réclames d'idées tumultueuses et décousues, et je les ordonne, quelquefois en les chiffrant.

Quand j'en suis venu là, je dis que mon ouvrage est achevé.

J'écris tout de suite ; mon âme s'échauffe, du reste, en écrivant. S'il se présente quelque idée nouvelle dont la place soit éloignée, je la mets sur un papier séparé.

Il est rare que je récrive ; les différents petits papiers que Votre Majesté a entre les mains n'ont été écrits qu'une fois : aussi reste-t-il des négligences, toutes les incorrections légères de la célérité.

Je ne lis ce que les autres ont pensé sur l'objet dont je m'occupe que quand mon ouvrage est fait.

Si la lecture me détrompe, je déchire mon ouvrage.

Si je trouve quelque chose chez les auteurs qui me convienne, je m'en sers.

S'ils m'inspirent quelque nouvelle idée, je l'ajoute en marge, car paresseux de copier, je réserve toujours de grandes marges...

Il s'en manque bien encore que l'ouvrage puisse être publié ; il y a le travail de la lime, le plus épineux, le plus difficile, celui qui épuise, fatigue, ennuie et ne finit point, surtout chez une nation où quatre expressions de mauvais goût tuent un très bon ouvrage, où l'on ne permet pas la rencontre dure de deux voyelles, où l'on est blessé de la répétition d'un même mot, quelquefois dans une page ; où l'on exige que vous soyez doux, clair, facile, élégant, élevé, harmonieux ; où les femmes écrivent purement et jugent en dernier ressort. Ah ! quelle tâche que celle d'un auteur chez un peuple qui se soucie fort peu qu'on l'instruise, mais qui veut, sur toutes choses, être amusé, même dans les matières les plus sérieuses, les plus importantes ! *(Cité par André Billy : Vie de Diderot*, pp. 266-267.*)*

Notons encore ce bref passage du Salon de 1767, *qui nous apporte un renseignement très significatif sur l'imagination de Diderot :*

Mon imagination s'est assujettie de longue main aux véritables règles de l'art, à force d'en regarder les productions ; j'ai pris l'habitude d'arranger mes figures dans ma tête, comme si elles étaient sur la toile ; peut-être je les y transporte : c'est sur un grand mur que je regarde quand j'écris. *(Œuvres complètes*, XI, 74-75.*)*

Écoutons enfin Diderot vieillard, méditant avec Sénèque sur la brièveté de la vie, faire un ultime éloge du travail :

Les journées sont longues et les années sont courtes pour l'homme oisif : il se traîne péniblement du moment de son lever jusqu'au moment de son coucher ; l'ennui prolonge sans fin cet intervalle de douze à quinze heures, dont il compte toutes les minutes ; de jours d'ennui en jours d'ennui, est-il arrivé à la fin de l'année, il lui semble que le premier de janvier touche immédiatement au dernier de décembre, parce qu'il ne s'intercale dans cette durée aucune action qui la divise. Travaillons donc ! Le travail, entre autres avantages, a celui de raccourcir les journées et d'étendre la vie.

Le vieillard occupé, dont le travail assidu augmentera sans relâche la somme des connaissances, laissera toujours entre le jeune homme et lui à peu près la même différence d'instruction, et la société de celui-ci ne lui déplaira jamais. Il n'en est pas ainsi du vieillard oisif ; il s'avance vers un moment où, honteux d'être devenu l'écolier d'un adolescent, il fuira un commerce où la supériorité qu'on aura prise sur lui par l'étude, et qui s'accroîtra par les progrès successifs de l'esprit humain, l'humiliera sans cesse et l'affligera. Lisons donc tant que nos yeux nous le permettront et tâchons d'être au moins les égaux de nos enfants. Plutôt s'user que se rouiller. *(Œuvres complètes*, III, 333-334.*)*

Diderot annonce en tête des Pensées philosophiques *:* « J'écris de Dieu. » *Mais les arguments qu'il oppose à l'athée et, en particulier, son recours aux sciences expérimentales, comment ne pas voir tout de suite qu'ils renforcent la thèse matérialiste bien plutôt qu'ils ne la combattent :*

Ce n'est pas de la main du métaphysicien que sont partis les grands coups que l'athéisme a reçus. Les méditations sublimes de Malebranche et de Descartes étaient moins propres à ébranler le matérialisme, qu'une observation de Malpighi. Si cette dangereuse hypothèse chancelle de nos jours, c'est à la physique expérimentale que l'honneur en est dû. Ce n'est que dans les ouvrages de Newton, de Muschenbroek, d'Hartzoeker et de Nieuwentit qu'on a trouvé des preuves satisfaisantes de l'existence d'un Être souverainement intelligent. Grâce aux travaux de ces grands hommes, le monde n'est plus un Dieu : c'est une machine qui a ses roues, ses cordes, ses poulies, ses ressorts et ses poids. *(Pensées,* XVIII.*)*

L'intelligence d'un premier Être ne m'est-elle pas mieux démontrée, dans la nature, par ses ouvrages, que la faculté de penser, dans un philosophe, par ses écrits : songez donc que je ne vous objectais qu'une aile de papillon, qu'un œil de ciron, quand je pouvais vous écraser du poids de l'univers. Ou je me trompe lourdement, ou cette preuve vaut bien la meilleure qu'on ait encore dictée dans les écoles. C'est sur ce raisonnement, et quelques autres de la même simplicité, que j'admets l'existence d'un Dieu, et non sur ces tissus d'idées sèches et métaphysiques, moins propres à dévoiler la vérité qu'à lui donner l'air du mensonge. *(Pensées,* XX.*)*

Plus décisive encore cette page où il fait commenter par l'athée l'affirmation que la matière douée de mouvement s'est organisée d'elle-même et que « le monde résulte du jet fortuit des atomes » *:*

Selon les lois de l'analyse des sorts, (...) je ne dois point être surpris qu'une chose arrive, lorsqu'elle est possible, et que la difficulté de l'événement est compensée par la quantité des jets. Il y a un tel nombre de coups dans lesquels je gagerais avec avantage d'amener cent mille six à la fois, avec cent mille dés. Quelle que fût la somme finie des caractères avec laquelle on me proposerait d'engendrer fortuitement l'*Iliade*, il y a telle somme finie de jets qui me rendrait la proposition avantageuse : mon avantage serait même infini, si la quantité de jets accordée était infinie. Vous voulez bien convenir avec moi, continuerait-il, que la matière existe de toute éternité, et que le mouvement lui est essentiel. Pour répondre à cette faveur, je vais supposer avec vous que le monde n'a point de bornes, que la multitude des atomes était infinie, et que cet ordre qui vous étonne ne se dément nulle part : or, de ces aveux réciproques, il ne s'ensuit autre chose, sinon que la possibilité d'engendrer fortuitement l'univers est très petite, mais que la quantité des jets est infinie, c'est-à-dire que la difficulté de l'événement est plus que suffisamment compensée par la multitude des jets. Donc si quelque chose doit répugner à la raison, c'est la supposition que la matière s'étant mue de toute éternité, et qu'y ayant peut-être, dans la somme infinie des combinaisons possibles, un nombre infini d'arrangements admirables, il ne se soit rencontré aucun de ces arrangements admirables dans la multitude infinie de ceux qu'elle a pris successivement. Donc l'esprit doit être plus étonné de la durée hypothétique du chaos, que de la naissance réelle de l'univers. *(Pensées,* XXI.*)*

Cependant, à cette date de 1746, *Diderot hésite encore :* « Une seule démonstration, *écrit-il,* me frappe plus que cinquante faits... Je suis plus sûr de mon jugement que de mes yeux. » *Le* Rêve de Mangogul, *deux ans plus tard, évoque allégoriquement l'Expérience ébranlant et ruinant l'ambitieux portique des Hypothèses :*

Il en était à cette exclamation pathétique, lorsque j'entrevis dans l'éloignement un enfant qui marchait vers nous à pas lents mais assurés. Il avait la tête petite, le corps menu, les bras faibles et les jambes courtes ; mais tous ses membres grossissaient et s'allongeaient à mesure qu'il s'avançait. Dans le progrès de ses accroissements successifs, il m'apparut sous cent formes diverses ; je le vis diriger vers le ciel un long télescope, estimer à l'aide d'un pendule la chute des corps, constater avec un tube rempli de mercure la pesanteur de l'air, et, le prisme à la main, décomposer la lumière. C'était alors un énorme colosse ; sa tête touchait aux cieux, ses pieds se perdaient dans l'abîme et ses bras s'étendaient de l'un à l'autre pôle. Il secouait de la main droite un flambeau dont la lumière se répandait au loin dans les airs, éclairait au fond des eaux et pénétrait dans les entrailles de la terre.

— Quelle est, demandai-je à Platon, cette figure gigantesque qui vient à nous ?

— Reconnaissez l'Expérience, me répondit-il ; c'est elle-même.

A peine m'eut-il fait cette courte réponse, que je vis l'Expérience approcher et les colonnes du portique des Hypothèses chanceler, ses voûtes s'affaisser et son pavé s'entr'ouvrir sous nos pieds.

— Fuyons, me dit encore Platon ; fuyons ; cet édifice n'a plus qu'un moment à durer.

A ces mots, il part ; je le suis. Le colosse arrive, frappe le portique, il s'écroule avec un bruit effroyable, et je me réveille.

L'aveugle Saunderson, à son tour, montre au ministre Holmes la fragilité de l'hypothèse déiste :

Lorsqu'il fut sur le point de mourir, on appela auprès de lui un ministre fort habile, M. Gervais Holmes ; ils eurent ensemble un entretien sur l'existence de Dieu, dont il nous reste quelques fragments que je vous traduirai de mon mieux, car ils en valent bien la peine. Le ministre commença par lui objecter les merveilles de la nature : « Eh, monsieur ! lui disait le philosophe aveugle, laissez là tout ce beau spectacle qui n'a jamais été fait pour moi ! J'ai été condamné à passer ma vie dans les ténèbres, et vous me citez des prodiges que je n'entends point, et qui ne prouvent que pour vous et que pour ceux qui voient comme vous. Si vous voulez que je croie en Dieu, il faut que vous me le fassiez toucher.

— Monsieur, reprit habilement le ministre, portez les mains sur vous-même, et vous rencontrerez la divinité dans le mécanisme admirable de vos organes.

— Monsieur Holmes, reprit Saunderson, je vous le répète, tout cela n'est pas aussi beau pour moi que pour vous. Mais le mécanisme animal fût-il aussi parfait que vous le prétendez et que je veux bien le croire, car vous êtes un honnête homme très incapable de m'en imposer, qu'a-t-il de commun avec un être souverainement intelligent ? S'il vous étonne, c'est peut-être parce que vous êtes dans l'habitude de traiter de prodige tout ce qui vous paraît au-dessus de vos forces. J'ai été si souvent un objet d'admiration pour vous, que j'ai bien mauvaise opinion de ce qui vous surprend. J'ai attiré du fond de l'Angleterre des gens qui ne pouvaient concevoir comment je faisais de la géométrie : il faut que vous conveniez que ces gens-là n'avaient pas de notions bien exactes de la possibilité des choses. Un phénomène est-il, à notre avis, au-dessus de l'homme, nous disons aussitôt : *C'est l'ouvrage d'un Dieu* ; notre vanité ne se contente pas à moins. Ne pourrions-nous pas mettre dans nos discours un peu moins d'orgueil, et un peu plus de philosophie ? Si la nature nous offre un nœud difficile à délier, laissons-le pour ce qu'il est ; et n'employons pas à le couper la main d'un être qui devient ensuite pour nous un nouveau nœud plus indissoluble que le premier. Demandez à un Indien pourquoi le monde reste suspendu dans les airs : il vous répondra qu'il est porté sur le dos d'un éléphant ; et l'éléphant, sur quoi l'appuiera-t-il ? sur une tortue ; et la tortue, qui la soutiendra ?... »

Cet « ordre admirable » *de l'univers, sur lequel le déisme fonde sa croyance, mais que Saunderson se résigne difficilement à admettre, ne peut-on penser qu'il résulte d'une lente et fortuite organisation de la matière ?*

Imaginez donc, si vous voulez, que l'ordre qui vous frappe a toujours subsisté ; mais laissez-moi croire qu'il n'en est rien ; et que si nous remontions à la naissance des choses et des temps, et que nous sentissions la matière se mouvoir et le chaos se débrouiller, nous rencontrerions une multitude d'êtres informes pour quelques êtres bien organisés. Si je n'ai rien à vous objecter sur la condition présente des choses, je puis du moins vous interroger sur leur condition passée. Je puis vous demander, par exemple, qui vous a dit à vous, à Leibniz, à Clarke et à Newton, que, dans les premiers instants de la formation des animaux, les uns n'étaient pas sans tête et les autres sans pieds ? Je puis vous soutenir que ceux-ci n'avaient point d'estomac, et ceux-là point d'intestins ; que tels à qui un estomac, un palais et des dents semblaient promettre de la durée ont cessé par quelque vice du cœur ou des poumons ; que les monstres se sont anéantis successivement ; que toutes les combinaisons vicieuses de la matière ont disparu, et qu'il n'est resté que celles où le mécanisme n'impliquait aucune contradiction importante, et qui pouvaient subsister par elles-mêmes et se perpétuer.

Cela supposé, si le premier homme eût eu le larynx fermé, eût manqué d'aliments convenables, ou se fût répandu dans une autre espèce, M. Holmes, que devenait le genre humain ? Il eût été enveloppé dans la dépuration générale de l'univers ; et cet être orgueilleux qui s'appelle homme, dissous et dispersé entre les molécules de la matière, serait resté, peut-être pour toujours, au nombre des possibles.

S'il n'y avait jamais eu d'êtres informes, vous ne manqueriez pas de prétendre qu'il n'y en aura jamais, et que je me jette dans des hypothèses chimériques ; mais l'ordre n'est pas si parfait, continua Saunderson, qu'il ne paraisse encore de temps en temps des productions monstrueuses. » Puis, se tournant en face du ministre, il ajouta : « Voyez-moi bien, monsieur Holmes, je n'ai point d'yeux. Qu'avions nous fait à Dieu, vous et moi, l'un pour avoir cet organe, l'autre pour en être privé ? »

Les monstres, pour l'aveugle, attestent dans l'« *ordre* » *actuel une persistance du désordre primitif. Saunderson, raisonnant ici par analogie, affirme des mondes ce qu'il vient de dire des animaux, en même temps qu'il dénonce ce* « sophisme de l'éphémère » *que d'Alembert rêvant critiquera à son tour :*

Puis reprenant un ton un peu plus ferme, il ajouta : « Je conjecture donc que, dans le commencement où la matière en fermentation faisait éclore l'univers, mes semblables étaient fort communs. Mais pourquoi n'assurerais-je pas des mondes ce que je crois des animaux ? combien de mondes estropiés, manqués, se sont dissipés, se reforment et se dissipent peut-être à chaque instant, dans des espaces éloignés, où je ne touche point et où vous ne voyez pas, mais où le mouvement continue et continuera de combiner des amas de matière, jusqu'à ce qu'ils aient obtenu quelque arrangement dans lequel ils puissent persévérer. O Philosophes, transportez-vous donc avec moi sur les confins de cet univers, au-delà du point où je touche et où vous voyez des êtres organisés ; promenez-vous sur ce nouvel océan, et cherchez à travers ses agitations irrégulières quelques vestiges de cet être intelligent dont vous admirez ici la sagesse !

« Mais à quoi bon vous tirer de votre élément ? Qu'est-ce que ce monde, M. Holmes ? un composé sujet à des révolutions qui toutes indiquent une tendance continuelle à la destruction ; une succession rapide d'êtres qui s'entre-suivent, se poussent et disparaissent ; une symétrie passagère ; un ordre momentané. Je vous reprochais tout à l'heure d'estimer la perfection des choses par votre capacité, et je pourrais vous accuser ici d'en mesurer la durée sur celle de vos jours. Vous jugez de l'existence successive du monde, comme la mouche éphémère de la vôtre. Le monde est éternel pour vous, comme vous êtes éternel pour l'être qui ne vit qu'un instant. Encore l'insecte est-il plus raisonnable que vous. Quelle suite prodigieuse de générations d'éphémères atteste votre éternité ? quelle tradition immense ? Cependant nous passerons tous, sans qu'on puisse assigner ni l'étendue réelle que nous occupions, ni le temps précis que nous aurons duré. Le temps, la matière et l'espace ne sont peut-être qu'un point. »

Délire lucide de Saunderson mourant ; délire aussi, bientôt de d'Alembert endormi ; ce n'est pas sur le ton de l'objectivité scientifique que Diderot nous propose ses plus audacieuses pensées. Dans les Pensées sur l'interprétation de la nature, *il insiste sur la nécessité de* ce « délire philosophique », *sans lequel la recherche expérimentale demeure sinon vaine, du moins en partie infructueuse :*

La grande habitude de faire des expériences donne aux manouvriers d'opérations les plus grossiers un pressentiment qui a le caractère de l'inspiration. Il ne tiendrait qu'à eux de s'y tromper comme Socrate, et de l'appeler un *démon familier.* Socrate avait une si prodigieuse habitude de considérer les hommes et de peser les circonstances que, dans les occasions les plus délicates, il s'exécutait secrètement en lui une combinaison prompte et juste, suivie d'un pronostic dont l'événement ne s'écartait guère. Il jugeait des hommes comme les gens de goût jugent des ouvrages de l'esprit, par sentiment. Il en est de même, en physique expérimentale, de l'instinct de nos grands manouvriers. Ils ont vu si souvent et de si près la nature dans ses opérations, qu'ils devinent avec précision le cours qu'elle pourra suivre dans le cas où il leur prend envie de la provoquer par les essais les plus bizarres. Ainsi le service le plus important qu'ils aient à rendre à ceux qu'ils initient à la physique expérimentale, c'est bien moins de les instruire du procédé et du résultat, que de faire passer en eux cet esprit de divination par lequel on *subodore*, pour ainsi dire, des procédés inconnus, des expériences nouvelles, des résultats ignorés. *(XXX.)*

S'il était permis à quelques auteurs d'être obscurs, dût-on m'accuser de faire ici mon apologie, j'oserais dire que c'est aux seuls métaphysiciens proprement dits. Les grandes abstractions ne comportent qu'une lueur sombre. L'acte de la généralisation tend a dépouiller les concepts de tout ce qu'ils ont de sensible. A mesure que cet acte s'avance, les spectres corporels s'évanouissent ; les notions se retirent peu à peu de l'imagination vers l'entendement et les idées deviennent purement intellectuelles. Alors le philosophe spéculatif ressemble à celui qui regarde du haut de ces montagnes dont les sommets se perdent dans les nues : les objets de la plaine ont disparu devant lui ; il ne lui reste plus que le spectacle de ses pensées et que la conscience de la hauteur à laquelle il s'est élevé et où il n'est peut-être pas donné à tous de le suivre et de respirer. *(L.)*

Analysant les idées de Maupertuis sur le système de la nature, Diderot formule, après avoir posé quelques « questions », *la thèse matérialiste qui, désormais, sera l'expression de sa pensée profonde :*

Si l'état des êtres est dans une vicissitude perpétuelle, si la nature est encore à l'ouvrage (...), toute notre science naturelle devient aussi transitoire que les mots. Ce que nous prenons pour l'histoire de la nature, n'est que l'histoire très incomplète d'un instant. Je demande donc si les métaux ont toujours été et seront toujours tels qu'ils sont, si les plantes ont toujours été et seront toujours telles qu'elles sont, si les animaux ont toujours été et seront toujours tels qu'ils sont, etc. Après avoir médité profondément sur certains phénomènes, un doute qu'on vous pardonnerait peut-être, ô sceptiques, ce n'est pas que le monde ait été créé, mais qu'il soit tel qu'il a été et qu'il sera. De même que dans les règnes animal et végétal, un individu commence, pour ainsi dire, s'accroît, dure, dépérit et passe, n'en serait-il pas de même des espèces entières ?... Le philosophe abandonné à ses conjectures ne pourrait-il pas soupçonner que l'animalité avait de toute éternité ses éléments particuliers, épars et confondus dans la masse de la matière ; qu'il est arrivé à ces éléments de se réunir, parce qu'il était possible que cela se fît ; que l'embryon formé de ces éléments a passé par une infinité d'organisations et de développements ; qu'il a eu, par succession, du mouvement, de la sensation, des idées, de la pensée, de la réflexion, de la conscience, des sentiments, des passions, des signes, des gestes, des sons, des sons articulés, une langue, des lois, des sciences et des arts ; qu'il s'est écoulé des millions d'années entre chacun de ces développements ; qu'il a peut-être encore d'autres développements à subir et d'autres accroissements à prendre, qui nous sont inconnus ; qu'il a eu ou qu'il aura un état stationnaire ; qu'il s'éloigne ou qu'il s'éloignera de cet état par un dépérissement éternel, pendant lequel ses facultés sortiront de lui comme elles y étaient entrées ; qu'il disparaîtra pour jamais de la nature, ou plutôt qu'il continuera d'y exister, mais sous une forme et avec des facultés tout autres que celles qu'on lui remarque dans cet instant de la durée. *(LVIII.)*

Le Rêve de d'Alembert *développe, avec quelle éloquence et quelle poésie, ces vues où s'annonce, parallèlement aux hypothèses de Buffon, le transformisme de Lamarck*[1] *:*

Tous les êtres circulent les uns dans les autres, par conséquent toutes les espèces... Tout est en un flux perpétuel... Tout animal est plus ou moins homme ; tout minéral est plus ou moins plante ; toute plante est plus ou moins animal. Il n'y a rien de précis en nature... Le ruban du père Castel... Oui, père Castel, c'est votre ruban et ce n'est que cela. Toute chose est plus ou moins une chose quelconque, plus ou moins terre, plus ou moins eau, plus ou moins air, plus ou moins feu ; plus ou moins d'un règne ou d'un autre... donc rien n'est de l'essence d'un être particulier... Non, sans doute, puisqu'il n'y a aucune qualité dont aucun être ne soit participant... et que c'est le rapport plus ou moins grand de cette qualité qui nous la fait attri-

1. Voir le bel ouvrage de E. Guyénot : *Les sciences de la vie aux XVII*e *et XVIII*e *siècles. L'idée d'évolution.* (Paris, Albin Michel, 1941.)

buer à un être exclusivement à un autre... Et vous parlez d'individus, pauvres philosophes ! laissez là vos individus ; répondez-moi. Y a-t-il un atome en nature rigoureusement semblable à un autre atome ?... Non... Ne convenez-vous pas que tout tient en nature et qu'il est impossible qu'il y ait un vide dans la chaîne ? Que voulez-vous donc dire avec vos individus ? Il n'y en a point, non, il n'y en a point... Il n'y a qu'un seul grand individu, c'est le tout. Dans ce tout, comme dans une machine, dans un animal quelconque, il y a une partie que vous appellerez telle ou telle ; mais quand vous donnerez le nom d'individu à cette partie du tout, c'est par un concept aussi faux que si, dans un oiseau, vous donniez le nom d'individu à l'aile, à une plume de l'aile... Et vous parlez d'essences, pauvres philosophes ! laissez là vos essences. Voyez la masse générale, ou si, pour l'embrasser, vous avez l'imagination trop étroite, voyez votre première origine et votre fin dernière... O Architas ! vous qui avez mesuré le globe, qu'êtes-vous ? un peu de cendre... Qu'est-ce qu'un être ?... La somme d'un certain nombre de tendances... Est-ce que je puis être autre chose qu'une tendance ?... non, je vais à un terme... Et les espèces ?... Les espèces ne sont que des tendances à un terme commun qui leur est propre... Et la vie ? La vie, une suite d'actions et de réactions... Vivant, j'agis et je réagis en masse... mort, j'agis et je réagis en molécules... Je ne meurs donc point ?... Non, sans doute, je ne meurs point en ce sens, ni moi, ni quoi que ce soit... Naître, vivre et passer, c'est changer de formes...

La sensibilité est, pour Diderot, une qualité essentielle de la matière :

D'ALEMBERT. — Si c'est une qualité générale et essentielle de la matière, il faut que la pierre sente.

DIDEROT. — Pourquoi non ?

D'ALEMBERT. — Cela est dur à croire.

DIDEROT. — Oui, pour celui qui la coupe, la taille, la broie et qui ne l'entend pas crier.

D'ALEMBERT. — Je voudrais bien que vous me disiez quelle différence vous mettez entre l'homme et la statue, entre le marbre et la chair.

DIDEROT. — Assez peu. On fait du marbre avec de la chair, et de la chair avec du marbre.

D'ALEMBERT. — Mais l'un n'est pas l'autre.

DIDEROT. — Comme ce que vous appelez la force vive n'est pas la force morte.

D'ALEMBERT. — Je ne vous entends pas.

DIDEROT. — Je m'explique. Le transport d'un corps d'un lieu dans un autre n'est pas le mouvement, ce n'en est que l'effet. Le mouvement est également et dans le corps transféré et dans le corps immobile.

D'ALEMBERT. — Cette façon de voir est nouvelle.

DIDEROT. — Elle n'en est pas moins vraie. Otez l'obstacle qui s'oppose au transport local du corps immobile, et il sera transféré. Supprimez par une raréfaction subite l'air qui environne cet énorme tronc de chêne, et l'eau qu'il contient, entrant tout à coup en expansion, le dispersera en cent mille éclats. J'en dis autant de votre propre corps.

*Auteur de l'*Essai sur l'origine des connaissances humaines, ouvrage où l'on réduit à un seul principe tout ce qui concerne l'entendement humain (1746), — *du* Traité des sensations (1754), — *et d'un* Traité des animaux, où après avoir fait des observations critiques sur le sentiment de Descartes et sur celui de M. Buffon, on entreprend d'expliquer leurs principales facultés (1766), — *l'abbé Étienne Bonnot de Condillac soutenait que tous les pouvoirs de l'esprit sont virtuellement contenus dans la sensation la plus élémentaire. (Portrait gravé par Clément, d'après P. Duval.)*

D'ALEMBERT. — Soit. Mais quel rapport y a-t-il entre le mouvement et la sensibilité ? Serait-ce par hasard que vous reconnaîtriez une sensibilité active et une sensibilité inerte, comme il y a une force vive et une force morte ? Une force vive qui se manifeste par la translation, une force morte qui se manifeste par la pression, une sensibilité active qui se caractérise par certaines actions remarquables dans l'animal et peut-être dans la plante ; et une sensibilité inerte dont on serait assuré par le passage à l'état de sensibilité active.

DIDEROT. — A merveille. Vous l'avez dit.

D'ALEMBERT. — Ainsi la statue n'a qu'une sensibilité inerte ; et l'homme, l'animal, la plante même peut-être, sont doués d'une sensibilité active.

DIDEROT. — Il y a sans doute cette différence entre le bloc de marbre et le tissu de chair ; mais vous concevez bien que ce n'est pas la seule.

D'ALEMBERT. — Assurément. Quelque ressemblance qu'il y ait entre la forme extérieure de l'homme et la statue, il n'y a point de rapport entre leur organisation intérieure. Le ciseau du plus habile statuaire ne fait pas même un épiderme. Mais il y a un procédé fort simple pour faire passer une force morte à l'état de force vive : c'est une expérience qui se répète sous nos yeux cent fois par jour ; au lieu que je ne vois pas trop comment on fait passer un corps de l'état de sensibilité inerte à l'état de sensibilité active.

DIDEROT. — C'est que vous ne voulez pas le voir. C'est un phénomène aussi commun.

D'ALEMBERT. — Et ce phénomène aussi commun, quel est-il, s'il vous plaît ?

DIDEROT. — Je vais vous le dire, puisque vous voulez en avoir la honte. Cela se fait toutes les fois que vous mangez.

D'ALEMBERT. — Toutes les fois que je mange !

DIDEROT. — Oui, car en mangeant, que faites-vous ? Vous levez les obstacles qui s'opposaient à la sensibilité active de l'aliment. Vous l'assimilez avec vous-même ; vous en faites de la chair ; vous l'animalisez ; vous le rendez sensible ; et ce que vous exécutez sur un aliment, je l'exécuterai quand il me plaira sur le marbre.

D'ALEMBERT. — Et comment cela ?

DIDEROT. — Comment ? je le rendrai comestible.

D'ALEMBERT. — Rendre le marbre comestible, cela ne me paraît pas facile.

DIDEROT. — C'est mon affaire que de vous en indiquer le procédé. Je prends la statue que vous voyez, je la mets dans un mortier, et à grands coups de pilon...

D'ALEMBERT. — Doucement, s'il vous plaît : c'est le chef-d'œuvre de Falconet ! Encore si c'était un morceau d'Huez ou d'un autre...

DIDEROT. — Cela ne fait rien à Falconet ; la statue est payée, et Falconet fait peu de cas de la considération présente, aucun de la considération à venir.

D'ALEMBERT. — Allons, pulvérisez donc.

DIDEROT. — Lorsque le bloc de marbre est réduit en poudre impalpable, je mêle cette poudre à l'humus ou terre végétale, je les pétris bien ensemble ; j'arrose le mélange, je le laisse putréfier un an, deux ans, un siècle, le temps ne me fait rien. Lorsque le tout s'est transformé en une matière à peu près homogène, en humus, savez-vous ce que je fais ?

D'ALEMBERT. — Je suis sûr que vous ne mangez pas de l'humus.

DIDEROT. — Non, mais il y a un moyen d'union, d'appropriation, entre l'humus et moi, un *latus*, comme vous dirait le chimiste.

D'ALEMBERT. — Et ce *latus*, c'est la plante ?

DIDEROT. — Fort bien. J'y sème des pois, des fèves, des choux, d'autres plantes légumineuses. Les plantes se nourissent de la terre, et je me nourris des plantes.

D'ALEMBERT. — Vrai ou faux, j'aime ce passage du marbre à l'humus, de l'humus au règne végétal, et du règne végétal au règne animal, à la chair.

DIDEROT. — Je fais donc de la chair ou de l'âme, comme dit ma fille, une matière activement sensible ; et si je ne résous pas le problème que vous m'avez proposé, du moins j'en approche beaucoup ; car vous m'avouerez qu'il y a bien plus loin d'un morceau de marbre à un être qui sent, que d'un être qui sent à un être qui pense.

Charles Panckoucke aux Auteurs de l'Encyclopédie

FRONTISPICE DE L'ENCYCLOPÉDIE

Dessin à la sanguine de C.-N. Cochin le fils (Salon de 1765).

« *On voit en haut la Vérité entre la Raison et l'Imagination : la Raison qui cherche à lui arracher son voile, l'Imagination qui se prépare à l'embellir. Au-dessous de ce groupe, une foule de philosophes spéculatifs, plus bas la troupe des artistes. Les philosophes ont les yeux attachés sur la Vérité ; la Métaphysique orgueilleuse cherche moins à la voir qu'à la deviner ; la Théologie lui tourne le dos et attend sa lumière d'en haut.* » (Diderot, *Salon de* 1765).

de ceux qui pensent. C'est à eux qu'il appartient de célébrer, sans s'avilir par des motifs méprisables, la considération distinguée que Vous marquez pour les talens; considération qui leur rend précieux un homme d'Etat, quand il sait, comme Vous, leur faire sentir que ce n'est point par vanité, mais pour eux-mêmes qu'il les honore. Puisse, MONSEIGNEUR, cet Ouvrage, auquel plusieurs Savans & Artistes célebres ont bien voulu concourir avec nous, & que nous Vous présentons en leur nom; être un monument durable de la reconnoissance que les Lettres Vous doivent, & qu'elles cherchent à Vous témoigner. Les siecles futurs, si notre Encyclopédie a le bonheur d'y parvenir, parleront avec éloge de la protection que Vous lui avez accordée dès sa naissance, moins sans doute pour ce qu'elle est aujourd'hui, qu'en faveur de ce qu'elle peut devenir un jour. Nous sommes avec un profond respect,

MONSEIGNEUR,

Vos très-humbles & très-obéissans Serviteurs,
DIDEROT & D'ALEMBERT.

DISCOURS

DISCOURS PRÉLIMINAIRE DES EDITEURS.

L'ENCYCLOPÉDIE que nous présentons au Public, est, comme son titre l'annonce, l'Ouvrage d'une société de Gens de Lettres. Nous croirions pouvoir assurer, si nous n'étions pas du nombre, qu'ils sont tous avantageusement connus, ou dignes de l'être. Mais sans vouloir prévenir un jugement qu'il n'appartient qu'aux Savans de porter, il est au moins de notre devoir d'écarter avant toutes choses l'objection la plus capable de nuire au succès d'une si grande entreprise. Nous déclarons donc que nous n'avons point eu la témérité de nous charger seuls d'un poids si supérieur à nos forces, & que notre fonction d'Editeurs consiste principalement à mettre en ordre des matériaux dont la partie la plus considérable nous a été entierement fournie. Nous avions fait expressément la même déclaration dans le corps du *Prospectus* *, mais elle auroit peut-être dû se trouver à la tête. Par cette précaution, nous eussions apparemment répondu d'avance à une foule de gens du monde, & même à quelques gens de Lettres, qui nous ont demandé comment deux personnes pouvoient traiter de toutes les Sciences & de tous les Arts, & qui néanmoins avoient jetté sans doute les yeux sur le *Prospectus*, puisqu'ils ont bien voulu l'honorer de leurs éloges. Ainsi, le seul moyen d'empêcher sans retour leur objection de reparoître, c'est d'employer, comme nous faisons ici, les premieres lignes de notre Ouvrage à la détruire. Ce début est donc uniquement destiné à ceux de nos Lecteurs qui ne jugeront pas à propos d'aller plus loin: nous devons aux autres un détail beaucoup plus étendu sur l'exécution de l'ENCYCLOPÉDIE: ils le trouveront dans la suite de ce Discours, avec les noms de chacun de nos collegues; mais ce détail si important par sa nature & par sa matiere, demande à être précédé de quelques réflexions philosophiques.

L'OUVRAGE dont nous donnons aujourd'hui le premier volume, a deux objets: comme *Encyclopédie*, il doit exposer autant qu'il est possible, l'ordre & l'enchaînement des connoissances humaines: comme *Dictionnaire raisonné des Sciences, des Arts & des Métiers*, il doit contenir sur chaque Science & sur chaque Art, soit libéral, soit méchanique, les principes généraux qui en sont la base, & les détails les plus essentiels, qui en font le corps & la substance. Ces deux points de vûe, d'*Encyclopédie* & de *Dictionnaire raisonné*, formeront donc le plan & la division de notre Discours préliminaire. Nous allons les envisager, les suivre l'un après l'autre, & rendre compte des moyens par lesquels on a tâché de satisfaire à ce double objet.

Pour peu qu'on ait réfléchi sur la liaison que les découvertes ont entr'elles, il est facile de s'appercevoir que les Sciences & les Arts se prêtent mutuellement des secours, & qu'il y a par conséquent une chaîne qui les unit. Mais s'il est souvent difficile de réduire à un petit nombre de regles ou de notions générales, chaque Science ou chaque Art en particulier, il ne l'est pas moins de renfermer en un systême qui soit un, les branches infiniment variées de la science humaine.

Le premier pas que nous ayons à faire dans cette recherche, est d'examiner, qu'on nous permette ce terme, la généalogie & la filiation de nos connoissances, les causes qui ont dû les faire naître, & les caracteres qui les distinguent; en un mot, de remonter jusqu'à l'origine & à la génération de nos idées. Indépendamment des secours que nous tirerons de cet examen pour l'énumération encyclopédique des Sciences & des Arts, il ne sauroit être déplacé à la tête d'un ouvrage tel que celui-ci.

On peut diviser toutes nos connoissances en directes & en réfléchies. Les directes sont celles que nous recevons immédiatement sans aucune opération de notre volonté; qui trouvant ouvertes, si on peut parler ainsi, toutes les portes de notre ame, y entrent sans

* Ce *Prospectus* a été publié au mois de Novembre 1750.

Urano-graphie, ou Description du Ciel et du Globe Céleste.
Astronomie Géométrique
Mathématiques Mixtes
La Chronologie
La Gnomonique
La Cosmographie
La Géographie
Optique
Optique Proprement dite.
Catoptrique
Dioptrique
Pneumatique ou Aérométrie
L'Acoustique
Phonique
L'Art de Conjecturer, d'où naît: l'Analyse des Hazards.
Perspective
Ichnographie, C'est la représentation des surfaces.
Scénographie, C'est la représentation des solides.
Musique Instrumentale
Musique Vocale
La Musique Pratique a deux branches.
Géographie Naturelle
Géographie Civile ou Politique
Géographie Historique
Géographie Sacrée
Géographie Ecclésiastique
Géographie Physique
Architecture Civile
Architecture Militaire
Architecture Navale
Essai d'une Distribution Généalogique des Sciences et des Arts Principaux,
Selon l'Explication détaillée du Système des Connoissances Humaines dans le Discours préliminaire des Éditeurs de l'Encyclopédie, publiée par M. Diderot et M. d'Alembert, à Paris en 1751.
Reduit en cette forme pour découvrir la Connoissance Humaine d'un coup d'œil.
Par Chrétien Frédéric Guillaume Roth,
à Weimar, 1769.
La Science de la dernière importance est de bien connoître nous mêmes; et d'exposer clairement aux autres, l'objet d'une Encyclopédie.

TABLE

ANALYTIQUE ET RAISONNÉE

DES MATIERES

CONTENUES dans le DICTIONNAIRE DES SCIENCES ET DES ARTS, & dans son SUPPLÉMENT.

[Le chiffre romain en grandes capitales indique le volume; le chiffre arabe la page, & les lettres *a* ou *b* la premiere ou la seconde colonne. Lorsque le volume cité est un des volumes du Supplément, l'indication est précédée du mot *Suppl.*]

A

A, (*Gramm.*) I. Ce caractere considéré en tant que lettre. On dit que l'*a* vient de l'aleph des Hébreux; mais le caractere dont nous nous servons pour représenter ce son, nous vient de l'alpha des Grecs. L'aleph n'a aujourd'hui aucun son que celui de la voyelle qui lui est jointe; mais autrefois il se prononçoit comme notre *a*. I. 1. *a*. Le son de l'*a* est long en certains mots, & bref en d'autres. Comment les Romains caractérisoient l'*a* long. On met aujourd'hui un accent circonflexe sur l'*a* long, au lieu de l'*s* qu'on écrivoit autrefois après cet *a*. L'*a* chez les Romains étoit appellé *lettre salutaire*. *Ibid. b.*

II. Ce caractere considéré en tant que mot, est ou verbe, ou préposition; mais *à* n'est jamais adverbe, comme quelques Grammairiens l'ont cru: *a* n'est pas non plus une simple particule qui marque le datif, parce qu'en françois nous n'avons ni déclinaison, ni cas. I. 2. *a*. Observations sur les différens usages de la préposition *à*. *Ibid. b.*

A, après un substantif; *a*, après un adjectif; *a*, après un verbe; *a*, avant une autre préposition. I. 3. *a*. A, après des adverbes; *a*, en des façons de parler adverbiales, & en celles qui sont équivalentes à des prépositions latines. Il faut considérer la préposition *à* en deux états différens: 1°. dans son état simple; *rendez à César ce qui est à César*: 2°. lorsqu'elle devient un mot composé par sa jonction avec l'article *le* ou *les*, & alors elle s'exprime par *au*, & *aux*. A est aussi une préposition inséparable qui entre dans la composition de certains mots. A en grec, marque privation, augmentation & admiration. *Ibid. b.*

De tous les sons, celui de l'*a* est le plus éclatant; & la voix, comme pour complaire à l'oreille, le choisit naturellement. *Suppl.* III. 304. *a*.

A est une préposition qui, entr'autres usages, marque un rapport d'attribution. Inexactitude de nos Grammairiens sur cette préposition. I. 724. *a*. Rapport de notre *à* avec la préposition *ad* des Latins, *Ibid.* 725. *b.* & avec la préposition *a* ou *ab*. Observations qui prouvent que notre *à* n'est aussi qu'une préposition. *Ibid.* 726. *a*. Observations sur les articles *à*, *au*, *aux*. *Ibid.* 723., 724. *a*, *b*. 727. *a*. A, particule prépositive en françois. XII. 100. *b*.

A ou *ab*, exemples de quelques usages de cette préposition latine. I. 28. *b*.

A étoit une lettre numérale chez les Anciens.

A, **lettre symbolique**, étoit un hiéroglyphe chez les Égyptiens. A numismatique ou monétaire, ses différentes significations. A lapidaire, ses différentes significations dans les anciennes inscriptions sur les marbres. I. 4. *a*. *A*, lettre de suffrage chez les Romains, emportoit le sens du verbe *antiquo*. A, signe d'absolution, chez les Romains, dans les causes criminelles. *A cognitionibus*, il paroît que ces mots marquoient une charge de conséquence auprès de l'Empereur. *Ibid. b.*

A cura amicorum, ces mots qui se lisent dans quelques inscriptions sepulcrales, semblent indiquer une dignité qui con-

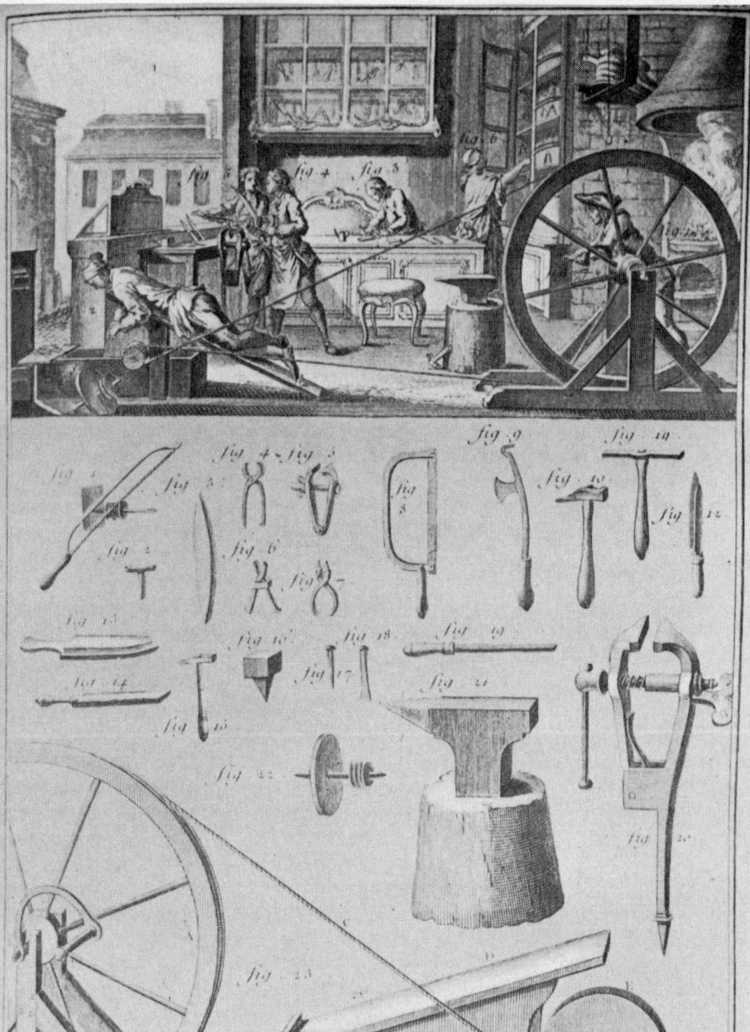

Coutelier.

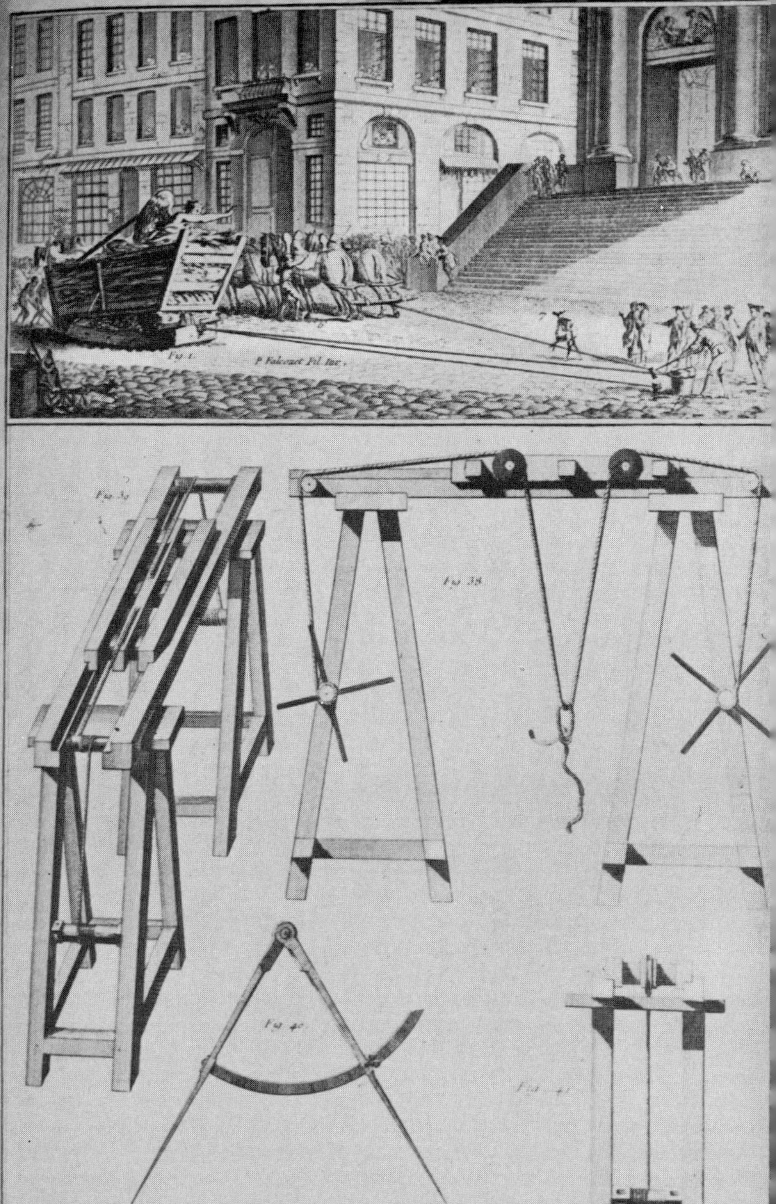

Sculpture

l'Opération de trainer le Marbre et Machine pour poser les Figures à leurs places

LeL
Golg
ou
dan
inco

Ciel,
de l

rega
l'Ete
une
orgu

sem
aînc

Dipalmeu
Toulouse.

Le mandement de l'Archevêque de A
en Sorbonne par l'abbé de Prades
Ce mandement fut suivi d'un arrêt du
l'ouvrage intitulé : Encyclopédie ou
de Lettres, comme contenant plusieurs ma
et sous des termes obscurs et équivoques, à é
Ces deux pièces sont le sujet de cette e

LE TRIOMPHE DE LA RELIGION

Allégorie

DESCRIPTION DE CETTE ALLEGORIE

Tableau présente le Territoire de Jerusalem, dont le Mon-
l'horison. Sur le Sommet de la Montagne s'élève une Colonne
rité, tenant de la main droite une Gloire Celeste qu'elle admire:
est l'Evangile et la Palme, Symboles de l'Eglise, et de son
Victorieuse.

Edifice paroît un Illustre Prélat les mains levées vers le
lie de captiver les coeurs et les esprits sous le Glorieux joug
l'Obéissance de J.C.

u Tableau represente la Religion, Soutenue par le Roi, qu'elle
onfiance: elle est appuiée sur l'Arche d'Alliance; armée de
hristianisme; tenant de la main droite un Calice, sur lequel s'élève
neuse: le Roi terrasse l'Hydre de l'Erreur, dont il abat les
es avec son Sceptre de Justice.

nt, cet Esprit de lumiere, sous la figure d'une flame ardente,
e du Ciel pour presider au Triomphe de la Religion, et du Fils
e.

e est couronné de la Legende du Roy.
odoix assertor & ultor.

par mr. Depalmeus Pere sur ces paroles de l'Apotre S. Paul,
remiere Epitre à Thimothée Ch. III. V. XV.
Dei Vivi Columna, & Firmamentum Veritatis.

du Mandement de M. l'Archeveque de Paris, du 29 Janvier
e 4; alinéa 5. 10 Fevrier 1752.

A Paris chés Pasquier rue S. Jacques vis-a-vis le College du Plessi.

nt nommé Gervais Tailleur de feu m. le comte de

u 29. Janvier 1752. à pour objet la Condamnation d'une thèze soutenüe
ovembre 1751. dans laquelle il attaque les miracles de Jésus-Christ.
en datte du 7. fevrier 1752. qui supprime les deux premiers volumes de
nnaire raisonné des sciences, arts et métiers par une société de Gens
endantes à détruire l'autorité Royale, à établir l'esprit d'indépendance et de revolte,
fondemens de l'erreur, de la Corruption des mœurs, de l'irréligion et de l'Incrédulité.
, et de celle qui suit.

« LE SOMMEIL DE LA RAISON ENGENDRE DES MONSTRES ».
Aquatinte de Goya (pl. 43 des *Caprices*, 1797).

A ce dialogue il faut comparer l'une des plus brillantes conversations du Grandval :

On parla ensuite d'un Monsieur de Saint-Germain qui a cent cinquante à cent soixante ans, et qui se rajeunit quand il se trouve vieux. On disait que si cet homme avait le secret de rajeunir d'une heure, en doublant la dose il pourrait rajeunir d'un an, de dix, et retourner ainsi dans le ventre de sa mère. « Si j'y rentrais une fois, dit l'Écossais, je ne crois pas qu'on m'en fît sortir. »

A ce propos il me passa par la tête un paradoxe que je me souviens d'avoir entamé un jour à votre sœur ; et je dis au *père* Hoop, car c'est ainsi que nous l'avons surnommé, parce qu'il a l'air ridé, sec et vieillot : « Vous êtes bien à plaindre ! mais s'il était quelque chose de ce que je pense, vous le seriez bien davantage. — Le pis est d'exister, et j'existe. — Le pis n'est pas d'exister, mais d'exister pour toujours. — Aussi je me flatte qu'il n'en sera rien. — Peut-être. Dites-moi, avez-vous jamais pensé sérieusement à ce que c'est que vivre ? Concevez-vous bien qu'un être puisse jamais passer de l'état de non vivant à l'état de vivant ? Un corps s'accroît ou diminue, se meut ou se repose ; mais s'il ne vit pas par lui-même, croyez-vous qu'un changement, quel qu'il soit, puisse lui donner de la vie ? Il n'en est pas de vivre comme de se mouvoir ; c'est autre chose. Un corps en mouvement frappe un corps en repos et celui-ci se meut, mais arrêtez, accélérez un corps non vivant, ajoutez-y, retranchez-en, organisez-le, c'est-à-dire disposez-en les parties comme vous l'imaginerèz : si elles sont mortes, elles ne vivront non plus dans une position que dans une autre. Supposer qu'en mettant à côté d'une particule morte, une, deux ou trois particules mortes, on en formera un système de corps vivant, c'est avancer, ce me semble, une absurdité très forte, ou je ne m'y connais pas. Quoi ! la particule A placée à gauche de la particule B n'avait point la conscience de son existence, ne sentait point, était inerte et morte ; et voilà que celle qui était à gauche mise à droite, et celle qui était à droite mise à gauche, le tout vit, se connaît, se sent ! Cela ne se peut. Que fait ici la droite ou la gauche ? Y a-t-il un côté et un autre dans l'espace ? Cela serait, que le sentiment et la vie n'en dépendraient pas. Ce qui a ces qualités les a toujours eues et les aura toujours. Le sentiment et la vie sont éternels. Ce qui vit a toujours vécu, et vivra sans fin. La seule différence que je connaisse entre la mort et la vie, c'est qu'à présent vous vivez en masse, et que, dissous, épars en molécules, dans vingt ans d'ici vous vivrez en détail. — Dans vingt ans, c'est bien loin ! »

Et Madame d'Aine : « On ne naît point, on ne meurt point : quelle diable de folie ! — Non, madame. — Quoiqu'on ne meure point, je veux mourir tout à l'heure, si vous me faites croire cela. — Attendez : Thisbé vit, n'est-il pas vrai ? — Si ma chienne vit ? je vous en réponds ; elle pense, elle aime, elle raisonne, elle a de l'esprit et du jugement. — Vous vous souvenez bien du temps où elle n'était pas plus grosse qu'un rat ? — Oui. — Pourriez-vous me dire comment elle est devenue si rondelette ? — Pardi, en se crevant de mangeaille comme vous et moi. — Fort bien. Et ce qu'elle mangeait vivait-il, ou non ? — Quelle question ! Pardi non, il ne vivait pas. — Quoi ! une chose qui ne vivait pas, appliquée à une chose qui vivait, est devenue vivante, et vous entendez cela ? — Pardi, il faut bien que je l'entende. — J'aimerais tout autant que vous me dissiez que, si l'on mettait un homme mort entre vos bras, il ressusciterait. — Ma foi, s'il était bien mort, bien mort... Mais laissez-moi en repos : voilà-t-il pas que vous me feriez dire des folies ? »

Le reste de la soirée s'est passé à me plaisanter sur mon paradoxe... On m'offrait de belles poires qui vivaient, des raisins qui pensaient, et moi je disais : Ceux qui se sont aimés pendant leur vie, et qui se font inhumer l'un à côté de l'autre ne sont peut-être pas si fous qu'on pense. Peut-être leurs cendres se pressent, se mêlent et s'unissent ! que sais-je ? Peut-être n'ont-elles pas perdu tout sentiment, toute mémoire de leur premier état ; peut-être ont-elles un reste de chaleur et de vie, dont elles jouissent à leur manière au fond de l'urne froide qui les renferme. Nous jugeons de la vie des éléments par la vie des masses grossières : peut-être sont-ce des choses bien diverses. On croit qu'il n'y a qu'un polype ! Et pourquoi la nature entière ne serait-elle pas du même ordre ? Lorsque le polype est divisé en cent mille parties, l'animal primitif et générateur n'est plus, mais tous ses principes sont vivants. O ma Sophie, il me resterait donc un espoir de vous toucher, de vous sentir, de vous aimer, de vous chercher, de m'unir, de me confondre avec vous quand nous ne serons plus, s'il y avait dans nos principes une loi d'affinité, s'il nous était réservé de composer un être commun, si je devais dans la suite des siècles refaire un tout avec vous, si les molécules de votre amant dissous avaient à s'agiter, à s'émouvoir, et à rechercher les vôtres éparses dans la nature ! Laissez-moi cette chimère, elle m'est douce ; elle m'assurerait l'éternité en vous et avec vous. *(A Sophie Volland,* 15 octobre 1759.*)*

Quoi qu'on puisse penser du couplet lyrique sur lequel s'achève le récit admirable de cette conversation, la pensée de Diderot se révèle acquise au matérialisme. Quelle sera donc, déduite de tels principes, sa morale ? Elle apparaît, dès 1756, — *dans la* Lettre à Landois, — *dominée par l'acceptation d'un déterminisme rigoureux :*

Regardez-y de près, et vous verrez que le mot liberté est un mot vide de sens ; qu'il n'y a point et qu'il ne peut y avoir d'êtres libres ; que nous ne sommes que ce qui convient à l'ordre général, à l'éducation et à la chaîne des événements. Voilà ce qui dispose de nous invinciblement. On ne conçoit non plus qu'un être agisse sans motif, qu'un des bras d'une balance agisse sans l'action d'un poids, et le motif nous est toujours extérieur, étranger, attaché ou par une nature ou par une cause quelconque, qui n'est pas nous. Ce qui nous trompe, c'est la prodigieuse variété de nos actions, jointe à l'habitude que nous avons prise tout en naissant de confondre le volontaire avec le libre. Nous avons tant loué, tant repris, nous l'avons été tant de fois, que c'est un préjugé bien vieux que celui de croire que nous et les autres voulons, agissons librement. Mais s'il n'y a point de liberté, il n'y a point d'action qui mérite la louange ou le blâme ; il n'y a ni vice ni vertu, rien dont il faille récompenser ou châtier. Qu'est-ce qui distingue donc les hommes ? la bienfaisance et la malfaisance. Le malfaisant est un homme qu'il faut détruire, et non punir ; la bienfaisance est une bonne fortune, et non une vertu. Mais, quoique l'homme bien ou malfaisant ne soit pas libre, l'homme n'en est pas moins un être qu'on modifie ; c'est par cette raison qu'il faut détruire le malfaisant sur une place publique. De là les bons effets de l'exemple, des discours, de l'éducation, du plaisir, de la douleur, des grandeurs, de la misère, etc. ; de là une sorte de philosophie pleine de commisération, qui attache fortement aux bons, qui n'irrite non plus contre le méchant que contre un ouragan qui nous remplit les yeux de poussière. Il n'y a qu'une sorte de causes, à proprement parler : ce sont les causes physiques. Il n'y a qu'une sorte de nécessité : c'est la même pour tous les êtres, quelque distinction qu'il nous plaise d'établir entre eux, ou qui y soit réellement. Voilà ce qui me réconcilie avec le genre humain.

De même d'Alembert, dans le Rêve *:*

Je suis tel parce qu'il a fallu que je fusse tel. Changez le tout, vous me changez nécessairement. Mais le tout change sans cesse... L'homme n'est qu'un effet commun, le monstre n'est qu'un effet rare ; tous les deux également naturels, également nécessaires, également dans l'ordre universel et général.

Texte que commentent, un peu après, Mlle de l'Espinasse et le médecin Bordeu :

BORDEU. — Je ne vous dirai de la liberté qu'un mot, c'est que la dernière de nos actions est l'effet nécessaire d'une cause une : nous, très compliquée, mais une.

MLLE DE L'ESPINASSE. — Nécessaire ?

BORDEU. — Sans doute. Tâchez de concevoir la production d'une autre action, en supposant que l'être agissant soit le même.

MLLE DE L'ESPINASSE. — Il a raison. Puisque j'agis ainsi, celui qui peut agir autrement n'est plus moi ; et assurer qu'au moment ou je fais ou dis une chose j'en puis dire ou faire une autre, c'est assurer que je suis moi et que je suis un autre. Mais, docteur, et le vice et la vertu ? La vertu, ce mot si saint dans toutes les langues, cette idée si sacrée chez toutes les nations !

BORDEU. — Il faut le transformer en celui de bienfaisance, et son opposé en celui de malfaisance. On est heureusement ou malheureusement né ; on est irrésistiblement entraîné par le torrent général qui conduit l'un à la gloire, l'autre à l'ignominie.

MLLE DE L'ESPINASSE. — Et l'estime de soi, et la honte, et le remords ?

BORDEU. — Puérilité fondée sur l'ignorance et la vanité d'un être qui s'impute à lui-même le mérite ou le démérite d'un instant nécessaire.

Le portrait de Jacques le Fataliste illustre à merveille de tels principes :

Jacques ne connaissait ni le nom de vice, ni le nom de vertu ; il prétendait qu'on était heureusement ou malheureusement né. Quand il entendait prononcer les mots récompenses ou châtiments, il haussait les épaules. Selon lui la récompense était l'encouragement des bons ; le châtiment, l'effroi des méchants Qu'est-ce autre chose, disait-il, s'il n'y a point de liberté, et que notre destinée soit écrite là-haut ? Il croyait qu'un homme s'acheminait aussi nécessairement à la gloire ou à l'ignominie, qu'une boule qui aurait la conscience d'elle-même suit la pente d'une montagne ; et que, si l'enchaînement des causes et des effets qui forment la vie d'un homme depuis le premier instant de sa naissance jusqu'à son dernier soupir nous était connu, nous resterions convaincus qu'il n'a fait que ce qu'il était nécessaire de faire. Je l'ai plusieurs fois contredit, mais sans avantage et sans fruit. En effet, que répliquer à celui qui vous dit : Quelle que soit la somme des éléments dont je suis composé, je suis un ; or, une cause n'a qu'un effet ; j'ai toujours été une cause une ; je n'ai donc jamais eu qu'un effet à produire ; ma durée n'est donc qu'une suite d'effets nécessaires. C'est ainsi que Jacques raisonnait d'après son capitaine. La distinction d'un monde physique et d'un monde moral lui semblait vide de sens. Son capitaine lui avait fourré dans la tête toutes ces opinions qu'il avait puisées, lui, dans son Spinoza qu'il savait par cœur. D'après ce système, on pourrait imaginer que Jacques ne se réjouissait, ne s'affligeait de rien ; cela n'était pourtant pas vrai. Il se conduisait à peu près comme vous et moi. Il remerciait son bienfaiteur, pour qu'il lui fît encore du bien. Il se mettait en colère contre l'homme injuste ; et quand on lui objectait qu'il ressemblait alors au chien qui mord la pierre qui l'a frappé : « Nenni, disait-il, la pierre mordue par le chien ne se corrige pas ; l'homme injuste est modifié par le bâton. » Souvent il était inconséquent comme vous et moi, et sujet à oublier ses principes, excepté dans quelques circonstances où sa philosophie le dominait évidemment ; c'était alors qu'il disait : « Il fallait que cela fût, car cela était écrit là-haut. » Il tâchait à prévenir le mal ; il était prudent avec le plus grand mépris pour la prudence. Lorsque l'accident était arrivé, il en revenait à son refrain, et il était consolé. Du reste, bon homme, franc, honnête, brave, attaché, fidèle, très têtu, encore plus bavard, et affligé comme vous et moi d'avoir commencé l'histoire de ses amours sans presque aucun espoir de la finir.

Rameau le neveu ne s'exprime pas autrement. La « molécule paternelle » *l'a fait ce qu'il est ; illusion de croire que l'individu peut s'affranchir de son hérédité :*

MOI. — Comment se fait-il qu'avec un tact aussi fin, une si grande sensibilité pour les beautés de l'art musical, vous soyez aussi aveugle sur les belles choses en morale, aussi insensible aux charmes de la vertu ?

LUI. — C'est apparemment qu'il y a pour les unes un sens que je n'ai pas, une fibre qui ne m'a point été donnée, une fibre lâche qu'on a beau pincer et qui ne vibre pas ; ou peut-être c'est que j'ai toujours vécu avec de bons musiciens et de méchantes gens ; d'où il est arrivé que mon oreille est devenue très fine et que mon cœur est devenu sourd. Et puis c'est qu'il y avait quelque chose de race. Le sang de mon père et le sang de mon oncle est le même sang ; mon sang est le même que celui de mon père ; la molécule paternelle était dure et obtuse, et cette maudite molécule première s'est assimilé tout le reste.

Diderot insiste :

Cher Rameau, parlons musique, et dites-moi comment il est arrivé qu'avec la facilité de sentir, de retenir et de rendre les plus beaux endroits des grands maîtres, avec l'enthousiasme qu'ils vous inspirent et que vous transmettez aux autres, vous n'ayez rien fait qui vaille.

Au lieu de me répondre, il se mit à hocher de la tête, et, levant le doigt au ciel, il ajouta : « Et l'astre ! l'astre ! Quand la nature fit Leo, Vinci, Pergolèse, Duni, elle sourit ; elle prit un air imposant et grave en formant le cher oncle Rameau, qu'on aura appelé pendant une dizaine d'années le grand Rameau, et dont bientôt on ne parlera plus. Quand elle fagota son neveu, elle fit la grimace, et puis la grimace, et puis la grimace encore. » Et, en disant ces mots, il faisait toutes sortes de grimaces du visage : c'était le mépris, le dédain, l'ironie ; et il semblait pétrir entre ses doigts un morceau de pâte, et sourire aux formes ridicules qu'il lui donnait. Cela fait, il jeta la pagode hétéroclite loin de lui, et il dit : « C'est ainsi qu'elle me fit et qu'elle me jeta à côté d'autres pagodes, les unes à gros ventres ratatinés, à cous courts, à gros yeux hors de la tête, apoplectiques ; d'autres à cous obliques ; il y en avait de sèches, à l'œil vif, au nez crochu ; toutes se mirent à crever de rire en me voyant, et moi de mettre mes deux poings sur mes côtes et à crever de rire en les voyant ; car les sots et les fous s'amusent les uns des autres ; ils se cherchent, ils s'attirent. »

Pourtant, au cours du dialogue, il semble que le Philosophe se rallie soudain aux conceptions du Neveu. Peut-être pense-t-il l'apaiser en lui prêchant une morale de la résignation, inspirée du déterminisme. Mais le Neveu ne l'entend pas ainsi. Cette morale est bonne pour les riches : « La voix de la conscience et de l'honneur est bien faible, lorsque les boyaux crient. »

Déjà les deux interlocuteurs du Supplément au Voyage de Bougainville *constataient que la misère faisait réapparaître cet homme naturel que masquent les apports de la civilisation, les convenances et les conventions de la vie de société :*

B. — Voulez-vous savoir l'histoire abrégée de presque toute notre misère ? La voici. Il existait un homme naturel : on a introduit au dedans de cet homme un homme artificiel ; et il s'est élevé dans la caverne une guerre civile qui dure toute la vie. Tantôt l'homme naturel est le plus fort ; tantôt il est terrassé par l'homme moral et artificiel ; et, dans l'un et l'autre cas, le triste monstre est tiraillé tenaillé, tourmenté, étendu sur la roue ; sans cesse gémissant, sans cesse malheureux, soit qu'un faux enthousiasme de gloire le transporte et l'enivre, ou qu'une fausse ignominie le courbe et l'abatte. Cependant il est des circonstances extrêmes qui ramènent l'homme à sa première simplicité.

A. — La misère et la maladie, deux grands exorcistes.

B. — Vous les avez nommés. En effet, que deviennent alors toutes ces vertus conventionnelles ? Dans la misère l'homme est sans remords ; et dans la maladie, la femme est sans pudeur.

A. — Je l'ai remarqué.

B. — Mais un autre phénomène qui ne vous aura pas échappé davantage, c'est que le retour de l'homme artificiel et moral suit pas à pas les progrès de l'état de maladie à l'état de convalescence et de l'état de convalescence à l'état de santé. Le moment où l'infirmité cesse est celui où la guerre intestine recommence, et presque toujours avec désavantage pour l'intrus.

A. — Il est vrai. J'ai moi-même éprouvé que l'homme naturel avait dans la convalescence une vigueur funeste pour l'homme artificiel et moral. Mais enfin, dites-moi, faut-il civiliser l'homme, ou l'abandonner à son instinct ?

B. — Faut-il vous répondre net ?

A. — Sans doute.

B. — Si vous vous proposez d'en être le tyran, civilisez-le ; empoisonnez-le de votre mieux d'une morale contraire à la nature ; faites-lui des entraves de toute espèce ; embarrassez ses mouvements de mille obstacles ; attachèz-lui des fantômes qui l'effraient ; éternisez la guerre dans la caverne, et que l'homme naturel y soit toujours enchaîné sous les pieds de l'homme moral. Le voulez-vous heureux et libre ? ne vous mêlez pas de ses affaires : assez d'incidents imprévus le conduiront à la lumière et à la dépravation ; et demeurez à jamais convaincu que ce n'est pas pour vous, mais pour eux, que ces sages législateurs vous ont pétri et maniéré comme vous l'êtes. J'en appelle à toutes les institutions politiques, civiles et religieuses : examinez-les profondément ; et je me trompe fort, ou vous y verrez l'espèce humaine pliée de siècle en siècle au joug qu'une poignée de fripons se promettait de lui imposer. Méfiez-vous de celui qui veut mettre de l'ordre.

Dans ce texte du Supplément, *toute la morale cynique du Neveu est impliquée. Que ferait-il, s'il se trouvait riche un jour ?*

LUI. — Je ferais comme tous les gueux revêtus ; je serais le plus insolent maroufle qu'on eût encore vu. C'est alors que je me rappellerais tout ce qu'ils m'ont fait souffrir, et je leur rendrais bien les avanies qu'ils m'ont faites. J'aime à commander, et je commanderai. J'aime qu'on me loue, et l'on me louera. (...).

MOI. — Au digne emploi que vous feriez de la richesse, je vois combien c'est grand dommage que vous soyez gueux. Vous vivriez là d'une manière bien honorable pour l'espèce humaine, bien utile à vos concitoyens, bien glorieuse pour vous.

LUI. — Mais je crois que vous vous moquez de moi. Monsieur le philosophe, vous ne savez pas à qui vous vous jouez ; vous ne vous doutez pas que dans ce moment je représente la partie la plus importante de la ville et de la cour. Nos opulents dans tous les états ou se sont dit à eux-mêmes ou ne se sont pas dit les mêmes choses que je vous ai confiées ; mais le fait est que la vie que je mènerais à leur place est exactement la leur. Voilà où vous en êtes, vous autres, vous croyez que le même bonheur est fait pour tous. Quelle étrange vision ! Le vôtre suppose un certain tour d'esprit romanesque que nous n'avons pas, une âme singulière, un goût particulier. Vous décorez cette bizarrerie du nom de vertu, vous l'appelez philosophie ; mais la vertu, la philosophie sont-elles faites pour tout le monde ? En a qui peut, en conserve qui peut. Imaginez l'univers sage et philosophe ; convenez qu'il serait diablement triste. Tenez, vive la philosophie, vive la sagesse de Salomon : boire de bon vin, se gorger de mets délicats, se rouler sur de jolies femmes, se reposer dans des lits bien mollets ; excepté cela, le reste n'est que vanité.

MOI. — Quoi ! défendre sa patrie ?

LUI. — Vanité ! Il n'y a plus de patrie ; je ne vois d'un pôle à l'autre que des tyrans et des esclaves.

MOI. — Servir ses amis ?

LUI. — Vanité ! Est-ce qu'on a des amis ? Quand on en aurait, faudrait-il en faire des ingrats ? Regardez-y bien, et vous verrez que c'est presque toujours là ce qu'on recueille des services rendus. La reconnaissance est un fardeau, et tout fardeau est fait pour être secoué.

MOI. — Avoir un état dans la société et en remplir les devoirs ?

LUI. — Vanité ! Qu'importe qu'on ait un état ou non, pourvu qu'on soit riche, puisqu'on ne prend un état que pour le devenir. Remplir ses devoirs, à quoi cela mène-t-il ? A la jalousie, au trouble, à la persécution. Est-ce ainsi qu'on s'avance ? Faire sa cour, morbleu ! faire sa cour, voir les grands, étudier leurs goûts, se prêter à leurs fantaisies, servir leurs vices, approuver leurs injustices : voilà le secret.

MOI. — Veiller à l'éducation de ses enfants ?

LUI. — Vanité ! C'est l'affaire d'un précepteur.

MOI. — Mais si ce précepteur, pénétré de vos principes, néglige ses devoirs, qui est-ce qui en sera châtié ?

LUI. — Ma foi, ce ne sera pas moi, mais peut-être un jour le mari de ma fille ou la femme de mon fils.

MOI. — Mais si l'un et l'autre se précipitent dans la débauche et les vices ?

LUI. — Cela est de leur état.

MOI. — S'ils se déshonorent ?

LUI. — Quoi qu'on fasse, on ne peut se déshonorer quand on est riche.

MOI. — S'ils se ruinent ?

LUI. — Tant pis pour eux.

MOI. — Je vois que, si vous vous dispensez de veiller à la conduite de votre femme, de vos enfants, de vos domestiques, vous pourriez aisément négliger vos affaires.

LUI. — Pardonnez-moi, il est quelquefois difficile de trouver de l'argent, et il est prudent de s'y prendre de loin.

MOI. — Vous donnerez peu de soin à votre femme?

LUI. — Aucun, s'il vous plaît. Le meilleur procédé, je crois, qu'on puisse avoir avec sa chère moitié, c'est de faire ce qui lui convient. A votre avis, la société ne serait-elle pas fort amusante, si chacun y était à sa chose ?

Ce désordre qui règne dans les mœurs et à tous les étages de la société, il s'agit pour le Neveu d'en profiter :

Je suis dans ce monde et j'y reste. Mais s'il est dans la nature d'avoir appétit (car c'est toujours à l'appétit que j'en reviens, à la sensation qui m'est toujours présente), je trouve qu'il n'est pas du bon ordre de n'avoir pas toujours de quoi manger. Que diable d'économie ! des hommes qui regorgent de tout, tandis que d'autres, qui ont un estomac importun comme eux, une faim renaissante comme eux, et pas de quoi mettre sous la dent. Le pis, c'est la posture contrainte où nous tient le besoin. L'homme nécessiteux ne marche pas comme un autre ; il saute, il rampe, il se tortille, il se traîne ; il passe sa vie à prendre et à exécuter des positions.

MOI. — Qu'est-ce que des positions ?

LUI. — Allez le demander à Noverre. Le monde en offre bien plus que son art n'en peut imiter.

MOI. — Et vous voilà aussi, pour me servir de votre expression, ou de celle de Montaigne, *perché sur l'épicycle de Mercure* et considérant les différentes pantomimes de l'espèce humaine.

LUI. — Non, non, vous dis-je. Je suis trop lourd pour m'élever si haut. J'abandonne aux grues le séjour des brouillards. Je vais terre à terre. Je regarde autour de moi, et je prends mes positions, ou je m'amuse des positions que je vois prendre aux autres. Je suis excellent pantomime, comme vous allez en juger.

Puis il se met à sourire, à contrefaire l'homme admirateur, l'homme suppliant, l'homme complaisant ; il a le pied droit en avant, le gauche en arrière, le dos courbé, la tête relevée, le regard comme attaché sur d'autres yeux, la bouche entr'ouverte, les bras portés vers quelque objet ; il attend un ordre, il le reçoit, il part comme un trait, il revient, il est exécuté, il en rend compte ; il est attentif à tout ; il ramasse ce qui tombe, il place un oreiller ou un tabouret sous des pieds ; il tient une soucoupe, il approche une chaise, il ouvre une porte ; il ferme une fenêtre, il tire des rideaux ; il observe le maître et la maîtresse ; il est immobile, les bras pendants, les jambes parallèles ; il écoute, il cherche à lire sur des visages, et il ajoute : « Voilà ma pantomime, à peu près la même que celle des flatteurs, des courtisans, des valets et des gueux. »

Les folies de cet homme, les contes de l'abbé Galiani, les extravagances de Rabelais, m'ont quelquefois fait rêver profondément. Ce sont trois magasins où je me suis pourvu de masques ridicules que je place sur le visage des plus graves personnages ; et je vois Pantalon dans un prélat, un satyre dans un président, un pourceau dans un cénobite, une autruche dans un ministre, une oie dans son premier commis.

MOI. — Mais à votre compte, dis-je à mon homme, il y a bien des gueux dans ce monde-ci, et je ne connais personne qui ne sache quelque pas de votre danse.

LUI. — Vous avez raison. Il n'y a dans tout un royaume qu'un homme qui marche, c'est le souverain ; tout le reste prend des positions.

MOI. — Le souverain ? Encore y a-t-il quelque chose à dire. Et croyez-vous qu'il ne se trouve pas, de temps en temps, à côté de lui, un petit pied, un petit chignon, un petit nez qui lui fasse faire un peu de la pantomime ? Quiconque a besoin d'un autre est indigent et prend une position. Le roi prend une position devant sa maîtresse et devant Dieu : il fait son pas de pantomime. Le ministre fait le pas de courtisan, de flatteur, de valet ou de gueux devant son roi. La foule des ambitieux danse vos positions, en cent manières plus viles les unes que les autres, devant le ministre. L'abbé de condition, en rabat et en manteau long, au moins une fois la semaine, devant le dépositaire de la feuille des bénéfices. Ma foi, ce que vous appelez la pantomime des gueux est le grand branle de la terre.

« Ni vice ni vertu » *: qu'il s'agisse de morale individuelle, de morale sociale, tout n'est, pour le Neveu, que préjugé, que système de conventions — donc arbitraire — établi pour contenir ou réprimer les instincts naturels. A cela s'opposent cependant, chez Diderot, la persuasion que l'homme est* « modifiable », *la réalité d'une morale altruiste, dictée par des sentiments généreux, désintéressés, qui, eux aussi, sont dans la nature. Les cyniques, faute de connaître les satisfactions d'une vie vertueuse, ignorent le véritable bonheur :*

MOI. — Ils usent tout. Leur âme s'hébète, l'ennui s'en empare. Celui qui leur ôterait la vie, au milieu de leur abondance accablante, les servirait. C'est qu'ils ne connaissent du bonheur que la partie qui s'émousse le plus vite. Je ne méprise pas les plaisirs des sens ; j'ai un palais aussi, et il est flatté d'un mets délicat ou d'un vin délicieux ; j'ai un cœur et des yeux, et j'aime à voir une jolie femme, j'aime à sentir sous ma main la fermeté et la rondeur de sa gorge, à presser ses lèvres des miennes, à puiser la volupté dans ses regards et à en expirer entre ses bras. Quelquefois avec mes amis une partie de débauche, même un peu tumultueuse, ne me déplaît pas ; mais, je ne vous le dissimulerai pas, il m'est infiniment plus doux encore d'avoir secouru le malheureux, d'avoir terminé une affaire épineuse, donné un conseil salutaire, fait une lecture agréable, une promenade avec un homme ou une femme chère à mon cœur, passé quelques heures instructives avec mes enfants, écrit une bonne page, rempli les devoirs de mon état, dit à celle que j'aime quelques choses tendres et douces qui amènent ses bras autour de mon cou. Je connais telle action que je voudrais avoir faite pour tout ce que je possède. C'est un sublime ouvrage que *Mahomet :* j'aimerais mieux avoir réhabilité la mémoire des Calas. Un homme de ma connaissance s'était réfugié à Carthagène ; c'était un cadet de famille, dans un pays où la coutume transfère tout le bien aux aînés. Là il apprend que son aîné, enfant gâté, après avoir dépouillé son père et sa mère, trop faciles, de tout ce qu'ils possédaient, les avait expulsés de leur château et que les bons vieillards languissaient indigents dans une petite ville de la province. Que fait alors ce cadet qui, traité durement par ses parents, était allé tenter la fortune au loin ? Il leur envoie des secours ; il se hâte d'arranger ses affaires ; il revient opulent, il ramène son père et sa mère dans leur domicile, il marie ses sœurs. Ah ! mon cher Rameau, cet homme regardait cet intervalle comme le plus heureux de sa vie. C'est les larmes aux yeux qu'il m'en parlait ; et moi, je sens, en vous faisant ce récit, mon cœur se troubler de joie et le plaisir me couper la parole.

LUI. — Vous êtes des êtres bien singuliers !

MOI. — Vous êtes des êtres bien à plaindre, si vous n'imaginez pas qu'on s'est élevé au-dessus du sort, et qu'il est impossible d'être malheureux à l'abri de deux belles actions telles que celle-ci.

LUI. — Voilà une espèce de félicité avec laquelle j'aurai de la peine à me familiariser, car on la rencontre rarement. Mais, à votre compte, il faudrait donc être d'honnêtes gens ?

MOI. — Pour être heureux ? Assurément.

Le méchant est puni par sa méchanceté même ; ainsi Néron, dont Diderot considère le destin :

Le monstre n'est plus. Je m'arrête immobile devant son cadavre ; à chaque forfait que je me rappelle, je sens mon indignation redoubler : mais que lui importe ? Il ne me voit point. C'est en vain que je lui reproche les meurtres d'Agrippine, de Burrhus, de Sénèque, de Thraséas, de Vétus et de sa famille ; il ne m'entend plus : les Furies se sont éloignées, et sa cendre repose aussi tranquillement que celle de l'homme vertueux. Qui est-ce qui absoudra les dieux de sa vie et de la mort de ses instituteurs ? Tant de crimes sont-ils suffisamment expiés par le supplice d'un moment ? Est-il vrai que le ciel fit assez pour un Sénèque, lorsqu'il le créa bon ? et qu'un Néron en fut assez châtié, lorsqu'il le créa méchant ? Je le crois, oui, je le crois ; et s'il fallait opter entre le sort d'un scélérat fortuné et celui d'un homme de bien malheureux, certes je ne balancerais pas. Quel est le motif d'un choix aussi décidé ? La persuasion qu'il n'y a point de méchant qui n'ait souvent désiré d'être bon, et que le bon ne désira jamais d'être méchant. *(Œuvres complètes,* III, 171-172.*)*

Diderot, lui, veut être « l'homme des malheureux ». *Il le dit à Mme d'Épinay, qui s'étonnait que le Philosophe donnât une si grande part de son temps à de prétendus* « indifférents » *:*

Madame, je suis l'homme des malheureux ; il semble que le sort me les adresse ; je ne saurais manquer à aucun ; cela est au-dessus de mes forces ; ils me dépouillent de mon temps, de mon talent, de ma fortune, de mes amis même, dont ils ne me laissent que les reproches. Ceux-ci ont l'air de regretter la perte de ma vie. Mais cette vie, personne que ces malheureux et moi n'en connaît et n'en peut juger l'emploi. Je pleure souvent ou j'essuie des larmes, tandis que vous riez tous. Il est rare que j'aille où je veux, parce que j'ai permis à la bienfaisance et à l'humanité de me promener à son gré, et je ne me plaindrai pas apparemment de ce que je souhaite : c'est que mes amis ne se trouvent jamais sur mon chemin...

... Je ne sais si je fais des sophismes, mais je sais qu'il est beaucoup plus court de trouver ce mot que d'imiter ma conduite. Je fais le bien tant que je puis. Je ne demande pas à l'indigent qui se présente raison de son état. Je commence par le secourir ; tant pis pour lui s'il abuse de ma sensibilité. J'entends par indigent tous ceux qui demandent. Pardieu, ils ont bonne grâce de me reprocher cet emploi de mon temps, depuis qu'ils se sont mis à décrier l'évidence et la vérité et à rabaisser le métier du philosophe au-dessous de celui du cordonnier. Si ce monde est abandonné sans ressource, comme ils le disent, à la force, à l'ignorance, au fanatisme, à l'erreur, au mensonge, j'aime mieux être tout bonnement un homme de bien qu'un sublime bavard. *(A Mme d'Épinay,* 1767.*)*

Il se montre même sensible aux peines et soucis de l'ouvrier :

J'aurais plus de confiance dans les délices de la journée d'un charpentier, si c'était un charpentier qui m'en parlât, et non pas un fermier général dont les bras n'ont jamais éprouvé la dureté du bois et la pesanteur de la hache. Ce bienheureux charpentier, je le vois essuyer la sueur de son front, porter ses mains sur ses hanches et soulager par le repos la fatigue de ses reins, haleter à chaque instant, mesurer avec son compas l'épaisseur de la poutre...

MES MOMENTS HEUREUX.

(par madame d'Epinay.)

--- sollicitæ jucunda oblivia vitæ.

HOR.....

GENEVE,

De mon Imprimerie.

M. DCC. LVIII.

Toutes les sortes de travaux soulagent également de l'ennui, mais tous ne sont pas égaux. Je n'aime point ceux qui amènent rapidement la vieillesse, et ce ne sont ni les moins utiles, ni les moins communs, ni les mieux récompensés. La fatigue en est telle, que l'ouvrier est bien plus sensible à la cessation de son travail qu'à l'avantage de son salaire ; ce n'est pas sa récompense, c'est la dureté et la longueur de sa tâche qui l'occupent pendant toute sa journée. Le mot qui lui échappe lorsque la chute du jour lui ôte la bêche de la main, ce n'est pas : « Je vais donc toucher mon argent... » ; c'est : « M'en voilà donc quitte pour aujourd'hui. » Et vous croyez que, quand il est de retour chez lui, il est bien pressé de se jeter entre les bras de sa femme ? Vous croyez qu'il y est aussi ardent qu'un oisif entre les bras de sa maîtresse ? Presque tous les enfants des gens de peine ne se font que le matin d'un dimanche ou d'une fête. *(Œuvres complètes*, II, 427.*)*

Bien plus, Diderot dénonce l'injustice d'une société où l'ouvrier est exploité :

Il y a beaucoup d'états dans la société qui excèdent de fatigue, qui épuisent promptement les forces et qui abrègent la vie, et quel que soit le salaire que vous attachiez au travail, vous n'empêcherez ni la fréquence ni la justice de la plainte de l'ouvrier.

Avez-vous jamais pensé à combien de malheureux l'exploitation des mines, la préparation de la chaux de céruse, le transport du bois flotté, la cure des fosses causent des infirmités effroyables et donnent la mort ?

Il n'y a que les horreurs de la misère et l'abrutissement qui puissent réduire l'homme à ces travaux. Ah ! Jean-Jacques, que vous avez mal plaidé la cause de l'état sauvage contre l'état social !

Oui, l'appétit du riche ne diffère point de l'appétit du pauvre ; je crois même l'appétit de celui-ci beaucoup plus vif et plus vrai ; mais pour la santé et le bonheur de l'un et de l'autre, peut-être faudrait-il mettre le pauvre au régime du riche et le riche au régime du pauvre. C'est l'oisif qui se gorge de mets succulents, c'est l'homme de peine qui boit de l'eau et mange du pain et tous les deux périssent avant le terme prescrit par la nature, l'un d'indigestions et l'autre d'inanition. C'est celui qui ne fait rien qui s'abreuve à longs traits du vin généreux qui réparerait les forces de celui qui travaille.

Si le pauvre et le riche étaient également laborieux et frugals, tout ne serait pas compensé entre eux. La différence des aliments et des travaux, des aliments pauvres et succulents, des travaux modérés et continus, mettrait encore une grande différence entre la durée moyenne de leur vie.

Ou passez-vous de métaux, ou permettez aux mines d'être pestilentielles. Les mines du Hartz recèlent dans leurs immenses profondeurs des milliers d'hommes qui connaissent à peine la lumière du soleil et qui atteignent rarement l'âge de trente ans. C'est là qu'on voit des femmes qui ont eu douze maris. Si vous fermez ces vastes tombeaux, vous ruinez l'État et vous condamnez tous les sujets de la Saxe ou à mourir de faim ou à s'expatrier.

Combien d'ateliers dans la France même, moins nombreux, mais presque aussi funestes ! *(Œuvres complètes,* II, 430-431.*)*

Diderot se préoccupe de la justice sociale et du légitime usage que les gouvernements doivent — ou devraient — faire de leur autorité. Au lendemain de la guerre d'Indépendance américaine, il écrit cette page peu connue, où il avertit une nation qui vient de naître du danger que peut faire courir à un peuple « l'injuste distribution de la richesse » *et* « l'abus de la prospérité » *:*

Après des siècles d'une oppression générale, puisse la révolution qui vient de s'opérer au delà des mers, en offrant à tous les habitants de l'Europe un asile contre le fanatisme et la tyrannie, instruire ceux qui gouvernent les hommes sur le légitime usage de leur autorité ! Puissent ces braves Américains (...) prévenir l'accroissement énorme et l'inégale distribution de la richesse, le luxe, la mollesse, la corruption des mœurs, et pourvoir au maintien de leur liberté et à la durée de leur gouvernement ! Puissent-ils reculer, au moins pour quelques siècles, le décret prononcé contre toutes les choses de ce monde, décret qui les a condamnées à avoir leur naissance, leur temps de vigueur, leur décrépitude et leur fin ! (...)

Qu'ils songent que le bien général ne se fait jamais que par nécessité et que le temps fatal pour les gouvernements est celui de la prospérité et non celui de l'adversité !

Qu'on lise au premier paragraphe de leurs annales : « Peuples de l'Amérique septentrionale, rappelez-vous à jamais que la puissance dont vos pères vous ont affranchis, maîtresse des mers et des terres il n'y avait qu'un moment, fut conduite sur le penchant de sa ruine par l'abus de la prospérité. »

L'adversité occupe les grands talents ; la prospérité les rend inutiles et porte aux premiers emplois les ineptes, les riches corrompus, les méchants.

Qu'ils songent que la vertu couve souvent le germe de la tyrannie ! (...) Qu'ils songent que ce n'est ni par l'or, ni même par la multitude des bras, qu'un État se soutient, mais par les mœurs ! (*Œuvres complètes*, III, 324-25.)

« Les mœurs » *? Faut-il donc voir une contradiction essentielle entre le souci manifesté ici de l'ordre social et tant d'affirmations de Diderot dans le* Supplément, *dans* Le Neveu, *dans* Jacques *? Non pas !*

Certes, rien pour lui ne justifie en nature, par exemple, la monogamie, la fidélité entre amants, entre époux. Il interrompt l'histoire de Mme de la Pommeraye et du Marquis des Arcis pour dénoncer l'illusion de la constance en amour :

Le premier serment que se firent deux êtres de chair, ce fut au pied d'un rocher qui tombait en poussière ; ils attestèrent de leur constance un ciel qui n'est pas un instant le même ; tout passait en eux et autour d'eux, et ils croyaient leurs cœurs affranchis de vicissitudes. O enfants ! toujours enfants !...

A ce couplet lyrique, dont Musset se souviendra, Jacques riposte sur un ton fort gaillard :

Tenez, monsieur, toutes ces grandes sentences que vous venez de débiter à propos de botte, ne valent pas une vieille fable des écraignes de mon village.

Le Maitre. — Et quelle est cette fable ?

Jacques. — C'est la fable de la Gaine et du Coutelet. Un jour la Gaine et le Coutelet se prirent de querelle ; le Coutelet dit à la Gaine : « Gaine, ma mie, vous êtes une friponne, car tous les jours vous recevez de nouveaux Coutelets... La Gaine répondit au Coutelet : Mon ami Coutelet, vous êtes un fripon, car tous les jours vous changez de Gaine... Gaine, ce n'est pas là ce que vous m'avez promis... Coutelet, vous m'avez trompée le premier... » Ce débat

AMERIQUE

s'était élevé à table ; Cil qui était assis entre la Gaine et le Coutelet, prit la parole et leur dit : « Vous, Gaine, et vous, Coutelet, vous fîtes bien de changer, puisque changement vous duisait ; mais vous eûtes tort de vous promettre que vous ne changeriez pas. Coutelet, ne voyais-tu pas que Dieu te fit pour aller à plusieurs Gaines, et toi, Gaine, pour recevoir plus d'un Coutelet ? Vous regardiez comme fous certains Coutelets qui faisaient vœu de se passer à forfait de Gaines, et comme folles certaines Gaines qui faisaient vœu de se fermer pour tout Coutelet : et vous ne pensiez pas que vous étiez presque aussi fous lorsque vous juriez, toi, Gaine, de t'en tenir à un seul Coutelet ; toi, Coutelet, de t'en tenir à une seule Gaine. »

C'est là aussi le thème essentiel du Supplément au Voyage de Bougainville. *L'aumônier du bateau, dialoguant avec le Tahitien Orou, essaye de le persuader de l'existence de Dieu et de la vérité d'une religion qui a fait du mariage un sacrement inviolable :*

OROU. — Pourrais-tu m'apprendre ce que c'est que le mot religion, que tu as répété tant de fois, et avec tant de douleur ?

L'aumônier, après avoir rêvé un moment, répondit :

— Qui est-ce qui a fait ta cabane et les ustensiles qui la meublent ?

OROU. — C'est moi.

L'AUMONIER. — Eh bien ! nous croyons que ce monde et ce qu'il renferme est l'ouvrage d'un ouvrier.

OROU. — Il a donc des pieds, des mains, une tête !

L'AUMONIER. — Non.

OROU. — Où fait-il sa demeure ?

L'AUMONIER. — Partout.

OROU. — Ici même ?

L'AUMONIER. — Ici.

OROU. — Nous ne l'avons jamais vu.

L'AUMONIER. — On ne le voit pas.

OROU. — Voilà un père bien indifférent ! Il doit être vieux ; car il a au moins l'âge de son ouvrage.

L'AUMONIER. — Il ne vieillit point : il a parlé à nos ancêtres ; il leur a donné des lois ; il leur a prescrit la manière dont il voulait être honoré ; il leur a ordonné certaines actions, comme bonnes ; il leur en a défendu d'autres, comme mauvaises.

OROU. — J'entends ; et une de ces actions qu'il leur a défendues comme mauvaises, c'est de coucher avec une femme et une fille ? Pourquoi donc a-t-il fait deux sexes ?

L'AUMONIER. — Pour s'unir ; mais à certaines conditions requises, après certaines cérémonies préalables, en conséquence desquelles un homme appartient à une femme, et n'appartient qu'à elle ; une femme appartient à un homme, et n'appartient qu'à lui.

OROU. — Pour toute leur vie ?

L'AUMONIER. — Pour toute leur vie.

OROU. — En sorte que, s'il arrivait à une femme de coucher avec un autre que son mari, ou à un mari de coucher avec une autre que sa femme... mais cela n'arrive point, car, puisqu'il est là, et que cela lui déplaît, il sait les en empêcher.

L'AUMONIER. — Non ; il les laisse faire, et ils pèchent contre la loi de Dieu (car c'est ainsi que nous appelons le grand ouvrier), contre la loi du pays ; et ils commettent un crime.

OROU. — Je serais fâché de t'offenser par mes discours ; mais si tu le permettais, je te dirais mon avis.

L'AUMONIER. — Parle.

OROU. — Ces préceptes singuliers, je les trouve opposés à la nature, et contraires à la raison ; faits pour multiplier les crimes et fâcher à tout moment le vieil ouvrier, qui a tout fait sans mains, sans tête et sans outils ; qui est partout, et qu'on ne voit nulle part ; qui dure aujourd'hui et demain, et qui n'a pas un jour de plus ; qui commande et qui n'est pas obéi ; qui peut empêcher, et qui n'empêche pas. Contraires à la nature, parce qu'ils supposent qu'un être pensant, sentant et libre, peut être la propriété d'un être semblable à lui. Sur quoi ce droit serait-il fondé ? Ne vois-tu pas qu'on a confondu, dans ton pays, la chose qui n'a ni sensibilité, ni pensée, ni désir, ni volonté ; qu'on quitte, qu'on prend, qu'on garde, qu'on échange sans qu'elle souffre et sans qu'elle se plaigne, avec la chose qui ne s'échange point, ne s'acquiert point ; qui a liberté, volonté, désir ; qui peut se donner ou se refuser pour un moment ; se donner ou se refuser pour toujours ; qui se plaint et qui souffre ; et qui ne saurait devenir un effet de commerce, sans qu'on oublie son caractère, et qu'on fasse violence à la nature ? Contraires à la loi générale des êtres. Rien, en effet, te paraît-il plus insensé qu'un précepte qui proscrit le changement qui est en nous ; qui commande une constance qui n'y peut être, et qui viole la liberté du mâle et de la femelle, en les enchaînant pour jamais l'un à l'autre ; qu'une fidélité qui borne la plus capricieuse des jouissances à un même individu ; qu'un serment d'immutabilité de deux êtres de chair, à la face d'un ciel qui n'est pas un instant le même, sous des antres qui menacent ruine ; au bas d'une roche qui tombe en poudre ; au pied d'un arbre qui se gerce ; sur une pierre qui s'ébranle ? Crois-moi, vous avez rendu la condition de l'homme pire que celle de l'animal. Je ne sais ce que c'est que ton grand ouvrier, mais je me réjouis qu'il n'ait point parlé à nos pères, et je souhaite qu'il ne parle point à nos enfants, car il pourrait par hasard leur dire les mêmes sottises, et ils feraient peut-être celle de le croire.

A *et* B — *Diderot et son interlocuteur — reprennent à leur tour ce problème du mariage :*

A. — Commençons par le commencement. Interrogeons bonnement la nature, et voyons sans partialité ce qu'elle nous répondra sur ce point.

B. — J'y consens.

A. — Le mariage est-il dans la nature ?

B. — Si vous entendez par le mariage la préférence qu'une femelle accorde à un mâle sur tous les autres mâles, ou celle qu'un mâle donne à une femelle sur toutes les autres femelles, préférence mutuelle en conséquence de laquelle il se forme une union plus ou moins durable, qui perpétue l'espèce par la reproduction des individus, le mariage est dans la nature.

A. — Je le pense comme vous ; car cette préférence se remarque non seulement dans l'espèce humaine, mais encore dans les autres espèces d'animaux : témoin ce nombreux cortège de mâles qui poursuivent une même femelle au printemps dans nos campagnes, et dont un seul obtient le titre de mari. Et la galanterie ?

B. — Si vous entendez par galanterie cette variété de moyens énergiques ou délicats que la passion inspire, soit au mâle, soit à la femelle, pour obtenir cette préférence qui conduit à la plus douce, la plus importante et la plus générale des jouissances, la galanterie est dans la nature.

A. — Je le pense comme vous. Témoin cette diversité de gentillesses pratiquées par le mâle pour plaire à la femelle ;

par la femelle pour irriter la passion et fixer le goût du mâle. Et la coquetterie ?

B. — C'est un mensonge qui consiste à simuler une passion qu'on ne sent pas, et à promettre une préférence qu'on n'accordera pas. Le mâle coquet se joue de la femelle ; la femelle coquette se joue du mâle : jeu perfide qui amène quelquefois les catastrophes les plus funestes ; manège ridicule, dont le trompeur et le trompé sont également châtiés par la perte des instants les plus précieux de leur vie.

A. — Ainsi la coquetterie, selon vous, n'est pas dans la nature ?

B. — Je ne dis pas cela.

A. — Et la constance ?

B. — Je ne vous en dirai rien de mieux que ce qu'en a dit Orou à l'aumônier. Pauvre vanité de deux enfants qui s'ignorent eux-mêmes, et que l'ivresse d'un instant aveugle sur l'instabilité de tout ce qui les entoure !

A. — Et la fidélité, ce rare phénomène ?

B. — Presque toujours l'entêtement et le supplice de l'honnête homme et de l'honnête femme dans nos contrées; chimère à Taïti.

A. — Et la jalousie ?

B. — Passion d'un animal indigent et avare qui craint de manquer ; sentiment injuste de l'homme ; conséquence de nos fausses mœurs, et d'un droit de propriété étendu sur un objet sentant, pensant, voulant, et libre.

A. — Ainsi la jalousie, selon vous, n'est pas dans la nature ?

B. — Je ne dis pas cela. Vices et vertus, tout est également dans la nature.

A. — Le jaloux est sombre.

B. — Comme le tyran, parce qu'il en a la conscience.

A. — La pudeur ?

B. — Mais vous m'engagez là dans un cours de morale galante. L'homme ne veut être ni troublé ni distrait dans ses jouissances. Celles de l'amour sont suivies d'une faiblesse qui l'abandonnerait à la merci de son ennemi. Voilà tout ce qu'il peut y avoir de naturel dans la pudeur : le reste est d'institution.

« D'institution » *: c'est-à-dire lié aux habitudes et aux traditions — variables, d'ailleurs — des sociétés. Habitudes et traditions dont Diderot ne fait pas fi : preuve en soit le souci*

FRONTISPICE DE L'ÉMILE
Gravure de R. de Launay le jeune,
d'après Cochin le fils (1782).

qu'il manifeste, lorsqu'il s'agit pour lui de marier sa fille. Il accepte en définitive les « mœurs » *de la société dans laquelle il vit, mais il refuse de se dissimuler que la nature ne les implique pas.*

Il en va de même pour l'éducation. Diderot, estimant que la « bienfaisance » *et la pratique de la vertu sont encore le meilleur calcul dans la poursuite du bonheur, s'efforce d'élever sa fille dans la sagesse. Il pense qu'une bonne instruction, la connaissance des arts — la musique, en particulier — contribueront à entretenir et développer en elle le goût du bien et du beau. Le Neveu, lui, n'apprendra à son enfant que ce qui peut servir les vices des hommes :*

LUI. — De l'or, de l'or. L'or est tout, et le reste, sans or, n'est rien. Aussi, au lieu de lui farcir la tête de belles maximes, qu'il faudrait qu'il oubliât sous peine de n'être qu'un gueux, lorsque je possède un louis, ce qui ne m'arrive pas souvent, je me plante devant lui, je tire le louis de ma poche, je le lui montre avec admiration, j'élève les yeux au ciel, je baise le louis devant lui, et pour lui faire entendre mieux encore l'importance de la pièce sacrée, je lui bégaye de la voix, je lui désigne du doigt, tout ce qu'on en peut acquérir, un beau fourreau, un beau toquet, un bon biscuit; ensuite je mets le louis dans ma poche, je me promène avec fierté, je relève la basque de ma veste, je frappe de la main sur mon gousset ; et c'est ainsi que je lui fais concevoir que c'est du louis qui est là que naît l'assurance qu'il me voit.

MOI. — On ne peut rien de mieux ; mais s'il arrivait que, profondément pénétré de la valeur du louis, un jour...

LUI. — Je vous entends. Il faut fermer les yeux là-dessus. Il n'y a point de principe de morale qui n'ait son inconvénient. Au pis aller, c'est un mauvais quart d'heure et tout est fini.

MOI. — Même d'après des vues si courageuses et si sages, je persiste à croire qu'il serait bon d'en faire un musicien. Je ne connais pas de moyen d'approcher plus rapidement des grands, de servir leurs vices et de mettre à profit les siens.

LUI. — Il est vrai ; mais j'ai des projets d'un succès plus prompt et plus sûr. Ah ! si c'était aussi bien une fille ! Mais comme on ne fait pas ce qu'on veut, il faut prendre ce qui vient, en tirer le meilleur parti, et pour cela ne pas donner bêtement, comme la plupart des pères qui ne feraient rien de pis quand ils auraient médité le malheur de leurs enfants, l'éducation de Lacédémone à un enfant destiné à vivre à Paris. Si elle est mauvaise, c'est la faute des mœurs de ma nation et non la mienne. En répondra qui pourra ; je veux que mon fils soit heureux, ou, ce qui revient au même, honoré, riche et puissant. Je connais un peu les voies les plus faciles d'arriver à ce but et je les lui enseignerai de bonne heure. Si vous me blâmez, vous autres sages, la multitude et le succès m'absoudront. Il aura de l'or, c'est moi qui vous le dis. S'il en a beaucoup, rien ne lui manquera, pas même votre estime et votre respect.

MOI. — Vous pourriez vous tromper.

LUI. — Ou il s'en passera, comme bien d'autres.

Prétendre remonter la pente de l'hérédité, — peine perdue !

MOI. — Est-ce que vous ne vous occuperez pas sérieusement d'arrêter en lui l'effet de la maudite molécule paternelle ?

LUI. — J'y travaillerais, je crois, bien inutilement. S'il est destiné à devenir un homme de bien, je n'y nuirai pas. Mais si la molécule voulait qu'il fût un vaurien comme son père, les peines que j'aurais prises pour en faire un homme honnête lui seraient très nuisibles : l'éducation croisant sans cesse la pente de la molécule, il serait tiré comme par deux forces contraires et marcherait tout de guingois dans le chemin de la vie, comme j'en vois une infinité, également gauches dans le bien et dans le mal ; c'est ce que nous appelons des espèces, de toutes les épithètes la plus redoutable, parce qu'elle marque la médiocrité et le dernier degré du mépris. Un grand vaurien est un grand vaurien, mais n'est point une espèce. Avant que la molécule paternelle n'eût repris le dessus et ne l'eût amené à la parfaite abjection où j'en suis, il lui faudrait un temps infini, il perdrait ses plus belles années. Je n'y fais rien à présent, je le laisse venir. Je l'examine ; il est déjà gourmand, patelin, filou, paresseux, menteur. Je crains bien qu'il ne chasse de race.

Cette violente sortie contre les « espèces » *nous introduit à l'apologie des* « passions fortes », *que Diderot esquissait dès son premier ouvrage :*

On déclame sans fin contre les passions ; on leur impute toutes les peines de l'homme, et l'on oublie qu'elles sont aussi la source de tous ses plaisirs. C'est, dans sa constitution, un élément dont on ne peut dire ni trop de bien ni trop de mal. Mais ce qui me donne de l'humeur, c'est qu'on ne les regarde jamais que du mauvais côté. On croirait faire injure à la raison, si l'on disait un mot en faveur de ses rivales. Cependant il n'y a que les passions et les grandes passions qui puissent élever l'âme aux grandes choses. Sans elles, plus de sublime, soit dans les mœurs, soit dans les ouvrages ; les beaux-arts retournent en enfance, et la vertu devient minutieuse. *(Pensées philosophiques,* I.*)*

Les passions sobres font les hommes communs. Si j'attends l'ennemi, quand il s'agit du salut de ma patrie, je ne suis qu'un citoyen ordinaire. Mon amitié n'est que circonspecte, si le péril d'un ami me laisse les yeux ouverts sur le mien. La vie m'est-elle plus chère que ma maîtresse ? Je ne suis qu'un amant comme un autre. *(Pensées phil.,* II.*)*

Les passions amorties dégradent les hommes extraordinaires. La contrainte anéantit la grandeur et l'énergie de la nature. Voyez cet arbre : c'est au luxe de ses branches que vous devez la fraîcheur et l'étendue de ses ombres ; vous en jouirez jusqu'à ce que l'hiver vienne le dépouiller de sa chevelure. Plus d'excellence en poésie, en peinture, en musique, lorsque la superstition aura fait sur le tempérament l'ouvrage de la vieillesse. *(Pensées phil.,* III.*)*

Écrivant à Mlle Volland, il défend, comme le fait aussi le neveu, les grands criminels :

J'ai de tout temps été l'apologiste des passions fortes ; elles seules m'émeuvent. Qu'elles m'inspirent de l'admiration ou de l'effroi, je sens fortement. Les arts de génie naissent et s'éteignent avec elles ; ce sont elles qui font le scélérat et l'enthousiaste qui le peint de ses vraies couleurs. Si les actions atroces, qui déshonorent notre nature, sont commises par elles, c'est par elles aussi qu'on est porté aux tentatives merveilleuses qui la relèvent. L'homme médiocre vit et meurt comme la brute. Il n'a rien fait qui le distinguât pendant qu'il vivait ; il ne reste de lui rien dont on parle quand il n'est plus ; son nom n'est plus prononcé ; le lieu de sa sépulture est ignoré, perdu parmi les herbes. D'ailleurs les suites de la méchanceté passent avec le méchant, celles de la bonté restent. Comme je disais une fois (...), s'il faut opter entre Racine méchant époux, méchant père, ami faux et poète sublime, et Racine bon père, bon époux, bon ami et plat honnête homme, je m'en tiens au premier. De Racine méchant que reste-t-il ? Rien. De Racine homme de génie ? L'ouvrage est éternel. *(A Sophie Volland,* 31 juillet 1762.*)*

Le Neveu, parlant de son oncle, le grand musicien Rameau, a son idée aussi sur les hommes de génie :

C'est un philosophe dans son espèce. Il ne pense qu'à lui ; le reste de l'univers lui est comme d'un clou à soufflet. Sa fille et sa femme n'ont qu'à mourir quand elles voudront, pourvu que les cloches de la paroisse qu'on sonnera pour elles continuent de résonner la douzième et la dix-septième, tout sera bien. Cela est heureux pour lui ; et c'est ce que je prise particulièrement dans les gens de génie. Ils ne sont bons qu'à une chose ; passé cela, rien. Ils ne savent ce que c'est d'être citoyens, pères, mères, frères, parents, amis. Entre nous, il faut leur ressembler de tout point, mais ne pas désirer que la graine en soit commune. Il faut des hommes ; mais pour des hommes de génie, point. Non, ma foi, il n'en faut point. Ce sont eux qui changent la face du globe ; et dans les plus petites choses, la sottise est si commune et si puissante qu'on ne la réforme pas sans charivari. Il s'établit partie de ce qu'ils ont imaginé, partie reste comme il était ; de là deux évangiles, un habit d'arlequin. La sagesse du moine de Rabelais est la vraie sagesse pour son repos et pour celui des autres : faire son devoir tellement quellement, toujours dire du bien de monsieur le prieur et laisser aller le monde à sa fantaisie. Il va bien, puisque la multitude en est contente. Si je savais l'histoire, je vous montrerais que le mal est toujours venu ici-bas par quelque homme de génie ; mais je ne sais pas l'histoire, parce que je ne sais rien. Le diable m'emporte si j'ai jamais rien appris, et si, pour n'avoir rien appris, je m'en trouve plus mal ! J'étais un jour à la table d'un ministre du roi de France, qui a de l'esprit comme quatre ; hé bien, il nous démontra clair comme un et un font deux, que rien n'était plus utile aux peuples que le mensonge, rien de plus nuisible que la vérité. Je ne me rappelle pas bien ses preuves ; mais il s'ensuivait évidemment que les gens de génie sont détestables, et que si un enfant apportait en naissant, sur son front, la caractéristique de ce dangereux présent de la nature, il faudrait ou l'étouffer, ou le jeter au cagnard.

MOI. — Cependant ces personnages-là, si ennemis du génie, prétendent tous en avoir.

LUI. — Je crois bien qu'ils le pensent au dedans d'eux-mêmes ; mais je ne crois pas qu'ils osassent l'avouer.

MOI. — C'est par modestie. Vous conçûtes donc là une terrible haine contre le génie.

LUI. — A n'en jamais revenir.

Ces « passions fortes », *qu'elles s'appliquent au bien ou au mal, au crime ou à la création artistique, procèdent d'une* « fibre » *exceptionnellement vigoureuse, dénotent la puissance du tempérament. Que de fois, critique des Salons, Diderot n'a-t-il pas marqué cette exigence d'une organisation violemment passionnée :*

J'aime les fanatiques, non pas ceux qui vous présentent une formule absurde de croyance, et qui, vous portant un poignard à la gorge, vous crient : Signe ou meurs ! mais bien ceux qui, fortement épris de quelque goût particulier et innocent, ne voient plus rien qui lui soit comparable, le défendent de toute leur force ; vont dans les maisons et les rues, non la lance, mais le syllogisme en arrêt, sommant et ceux qui passent et ceux qui sont arrêtés de convenir de leur absurdité, ou de la supériorité des charmes de leur Dulcinée sur toutes les créatures du monde. Ils sont plaisants, ceux-ci ; ils m'amusent, ils m'étonnent quelquefois. Quand par hasard ils ont rencontré une vérité, ils l'exposent avec une énergie qui brise et renverse tout. Dans le paradoxe, accumulant images sur images, appelant à leur secours toutes les puissances de l'éloquence, les expressions figurées, les comparaisons hardies, les tours, les mouvements ; s'adressant au sentiment, à l'imagination, attaquant l'âme et sa sensibilité par toutes sortes d'endroits, le spectacle de leurs efforts est encore beau. Tel est Jean-Jacques Rousseau, lorsqu'il se déchaîne contre les lettres, qu'il a cultivées toute sa vie ; la philosophie, qu'il professa ; la société de nos villes corrompues, au milieu desquelles il brûle d'habiter, et où il serait désespéré d'être ignoré, méconnu, oublié. Il a beau fermer la fenêtre de son ermitage qui regarde la capitale, c'est le seul endroit du monde qu'il voie. Au fond de sa forêt, il est ailleurs : il est à Paris. (*Salon de* 1765.)

*Apologie de l'énergie, de la puissance et de l'enthousiasme, louange sans cesse répétée des beaux mouvements de la sensibilité : il serait faux de ne retenir que cela dans le portrait idéal que Diderot brosse de l'artiste de génie. Celui-ci s'insère dans une tradition ; il y prend son point d'appui. L'esthétique de Diderot demeure, pour une part, celle d'un classique. Le fragment suivant de l'*Essai sur la peinture *en témoigne :*

Qu'est-ce donc que le goût ? Une facilité, acquise par des expériences réitérées, à saisir le vrai ou le bon avec la circonstance qui le rend beau, et d'en être promptement et vivement touché.

Si les expériences qui déterminent le jugement sont présentes à la mémoire, on aura le goût éclairé ; si la mémoire en est passée, et qu'il n'en reste que l'impression, on aura le tact, l'instinct.

Michel-Ange donne au dôme de Saint-Pierre de Rome la plus belle forme possible. Le géomètre de la Hire, frappé de cette forme, en trace l'épure, et trouve que cette épure est la courbe de la plus grande résistance. Qui est-ce qui inspira cette courbe à Michel-Ange, entre une infinité d'autres qu'il pouvait choisir ? L'expérience journalière de la vie. C'est elle qui suggère au maître charpentier, aussi sûrement qu'au sublime Euler, l'angle de l'étai avec le mur qui menace ruine ; c'est elle qui lui a appris à donner à l'aile du moulin l'inclinaison la plus favorable au mouvement de rotation ; c'est elle qui fait souvent entrer, dans son calcul subtil, des éléments que la géométrie de l'Académie ne saurait saisir.

De l'expérience et de l'étude, voilà les préliminaires, et de celui qui fait, et de celui qui juge. J'exige ensuite de la sensibilité. Mais comme on voit des hommes qui pratiquent la justice, la bienfaisance, la vertu, par le seul intérêt bien entendu, par l'esprit et le goût de l'ordre, sans en éprouver le délice et la volupté, il peut y avoir aussi du goût sans sensibilité, de même que de la sensibilité sans goût. La sensibilité, quand elle est extrême, ne discerne plus ; tout l'émeut indistinctement. L'un vous dira froidement : « Cela est beau ! » L'autre sera ému, transporté, ivre :

.......................Etiam stillabit amicis
Ex oculis rorem ; saliet, tundet pede terram.

Il balbutiera ; il ne trouvera point d'expressions qui rendent l'état de son âme.

Le plus heureux est, sans contredit, ce dernier. Le meilleur juge ? c'est autre chose. Les hommes froids, sévères et tranquilles observateurs de la nature, connaissent souvent mieux les cordes délicates qu'il faut pincer : ils font des enthousiastes, sans l'être ; c'est l'homme et l'animal.

La raison rectifie quelquefois le jugement rapide de la sensibilité ; elle en appelle. De là tant de productions presque aussitôt oubliées qu'applaudies ; tant d'autres, ou inaperçues, ou dédaignées, qui reçoivent du temps, du progrès de l'esprit et de l'art, d'une attention plus rassise, le tribut qu'elles méritaient.

De là l'incertitude du succès de tout ouvrage de génie. Il est seul. On ne l'apprécie qu'en le rapportant immédiatement à la nature. Et qui est-ce qui sait remonter jusque là ? Un homme de génie.

Le plaisir esthétique consiste avant tout « dans la perception des rapports » *:*

Ce principe a lieu en poésie, en peinture, en architecture, en morale, dans tous les arts et dans toutes les sciences. Une belle machine, un beau tableau, un beau portique ne nous plaisent que par les rapports que nous y remarquons. Ne peut-on pas même dire qu'il en est en cela d'une belle vie comme d'un beau concert ? La perception des rapports est l'unique fondement de notre admiration et de nos plaisirs ; et c'est de là qu'il faut partir pour expliquer les phénomènes les plus délicats qui nous sont offerts par les sciences et les arts. Les choses qui nous paraissent les plus arbitraires ont été suggérées par les rapports ; et ce principe doit servir de base à un essai philosophique sur le goût, s'il se trouve jamais quelqu'un assez instruit pour en faire une application générale à tout ce qu'il embrasse. *(Œuvres complètes,* IX, 104-105.*)*

C'est parce qu'ils ont perçu ces rapports que les grands artistes du passé demeurent pour nous des maîtres ; c'est à la manifestation de ces rapports que s'efforce le peintre qui cherche à imiter la « belle nature » *et à atteindre au* « modèle idéal ».

Qu'il s'agisse d'esthétique dramatique, du jeu de l'acteur, le fameux « paradoxe » *révèle aussi une conception classique de l'art :*

Le premier. — Le point important, sur lequel nous avons des opinions tout à fait opposées, votre auteur et moi, ce sont les qualités premières d'un grand comédien. Moi, je lui veux beaucoup de jugement ; il me faut dans cet homme un spectateur froid et tranquille ; j'en exige, par conséquent, de la pénétration et nulle sensibilité, l'art de tout imiter, ou, ce qui revient au même, une égale aptitude à toutes sortes de caractères et de rôles.

Le second. — Nulle sensibilité ?

Le premier. — Nulle. Si le comédien était sensible, de bonne foi lui serait-il permis de jouer deux fois de suite un même rôle avec la même chaleur et le même succès ? Très chaud à la première représentation, il serait épuisé et froid comme un marbre à la troisième. Au lieu qu'imitateur attentif et disciple réfléchi de la nature, la première fois qu'il se présentera sur la scène sous le nom d'Auguste, de Cinna, d'Orosmane, d'Agamemnon, de Mahomet, copiste rigoureux de lui-même ou de ses études et observateur continu de nos sensations, son jeu, loin de s'affaiblir, se fortifiera des réflexions nouvelles qu'il aura recueillies ; il s'exaltera ou se tempérera, et vous en serez de plus en plus satisfait. S'il est lui quand il joue, comment cessera-t-il d'être lui ? S'il veut cesser d'être lui, comment saisira-t-il le point juste auquel il faut qu'il se place et s'arrête ?

Ce qui me confirme dans mon opinion, c'est l'inégalité des acteurs qui jouent d'âme. Ne vous attendez de leur part à aucune unité ; leur jeu est alternativement fort et faible, chaud et froid, plat et sublime. Ils manqueront demain l'endroit où ils auront excellé aujourd'hui ; en revanche, ils excelleront dans celui qu'ils auront manqué la veille. Au lieu que le comédien qui jouera de réflexion, d'étude de la nature humaine, d'imitation constante d'après quelque modèle idéal, d'imagination, de mémoire, sera un, le même à toutes les représentations, toujours également parfait : tout a été mesuré, combiné, appris, ordonné dans sa tête ; il n'y a dans sa déclamation ni monotonie, ni dissonance. La chaleur a son progrès, ses élans, ses rémissions, son commencement, son milieu, son extrême. Ce sont les mêmes accents, les mêmes positions, les mêmes mouvements : s'il y a quelque différence d'une représentation à l'autre, c'est ordinairement à l'avantage de la dernière. Il ne sera pas journalier : c'est une glace toujours disposée à montrer les objets, et à les montrer avec la même précision, la même force et la même vérité. Ainsi que le poète, il va sans cesse puiser dans le fonds inépuisable de la nature ; au lieu qu'il aurait bientôt vu le terme de sa propre richesse.

Quel jeu plus parfait que celui de la Clairon ? cependant suivez-la, étudiez-la, et vous serez convaincu qu'à la sixième représentation elle sait par cœur tous les détails de son jeu comme tous les mots de son rôle. Sans doute elle s'est fait un modèle auquel elle a d'abord cherché à se conformer ; sans doute elle a conçu ce modèle le plus haut, le plus grand, le plus parfait qu'il lui a été possible ; mais ce modèle qu'elle a emprunté de l'histoire, ou que son imagination a créé comme un grand fantôme, ce n'est pas elle ; si ce modèle n'était que de sa hauteur,

que son action serait faible et petite ! Quand, à force de travail, elle a approché de cette idée le plus près qu'elle a pu, tout est fini ; se tenir ferme là, c'est une pure affaire d'exercice et de mémoire. Si vous assistiez à ses études, combien de fois vous lui diriez : *Vous y êtes !...* combien de fois elle vous répondrait : *Vous vous trompez !..* C'est comme le Quesnoy, à qui son ami saisissait le bras, et criait : *Arrêtez ! le mieux est l'ennemi du bien : vous allez tout gâter... Vous voyez ce que j'ai fait*, répliquait l'artiste, haletant, au connaisseur émerveillé ; *mais vous ne voyez pas ce que j'ai là, et ce que je poursuis.*

Je ne doute point que la Clairon n'éprouve le tourment du Quesnoy dans ses premières tentatives ; mais la lutte passée, lorsqu'elle s'est une fois élevée à la hauteur de son fantôme, elle se possède, elle se répète sans émotion. Comme il nous arrive quelquefois dans le rêve, sa tête touche aux nues, ses mains vont chercher les deux confins de l'horizon ; elle est l'âme d'un grand mannequin qui l'enveloppe ; ses essais l'ont fixé sur elle. Nonchalamment étendue sur une chaise longue, les bras croisés, les yeux fermés, immobile, elle peut, en suivant son rêve de mémoire, s'entendre, se voir, se juger, et juger les impressions qu'elle excitera. Dans ce moment elle est double : la petite Clairon et la grande Agrippine.

Contestera-t-on la vérité de ce portrait d'un grand acteur, possédant parfaitement et librement son rôle, bien plutôt qu'il n'en est possédé ?

Lekain-Ninias descend dans le tombeau de son père, il y égorge sa mère ; il en sort les mains sanglantes. Il est rempli d'horreur, ses membres tressaillent, ses yeux sont égarés, ses cheveux semblent se hérisser sur sa tête. Vous sentez frissonner les vôtres, la terreur vous saisit, vous êtes éperdu que lui. Cependant Lekain-Ninias pousse du pied vers la coulisse une pendeloque de diamants, qui s'était détachée de l'oreille d'une actrice. Et cet acteur-là sent ? Cela ne se peut. Direz-vous qu'il est mauvais acteur ? Je n'en crois rien. Qu'est-ce donc que Lekain-Ninias ? C'est un homme froid qui ne sent rien, mais qui figure supérieurement la sensibilité. Il a beau s'écrier : Où suis-je ? Je lui réponds : Où tu es ? Tu le sais bien : tu es sur des planches, et tu pousses du pied une pendeloque vers la coulisse.

Cependant, tout en faisant une place — et une place importante — à la raison, au jugement, à l'étude, à l'apport de la tradition, Diderot en revient de plus en plus souvent à l'idée que l'artiste de génie atteint à quelque chose qui est au delà de ce donné. C'est la preuve de son génie. S'il est redevable à ses « écoles », *il est d'abord* « de l'école primitive et du secret ». *C'est à elle qu'il doit de renouveler l'art où il excelle. Au delà des modèles, c'est à la Nature qu'il s'adresse :*

C'est presque une question vide de sens que de chercher jusqu'où il faut se tenir approché ou éloigné du modèle idéal de la beauté, de la ligne vraie ; modèle idéal de la beauté, ligne vraie non traditionnelle, qui s'évanouit presque avec l'homme de génie ; qui forme pendant un temps l'esprit, le caractère, le goût des ouvrages d'un peuple, d'un siècle, d'une école; modèle idéal de la beauté, ligne vraie, dont l'homme de génie aura la notion plus ou moins rigoureuse, selon le climat, le gouvernement, les lois, les circonstances qui l'auront vu naître ; modèle idéal de la beauté, ligne vraie, qui se corrompt, qui se perd et qui ne se retrouverait peut-être parfaitement chez un peuple que par le retour à l'état de barbarie ; car c'est la seule condition où les hommes, convaincus de leur ignorance, puissent se résoudre à la lenteur du tâtonnement. *(Œuvres complètes,* XI, 13-14.*)*

Et voici Diderot décrivant l'inspiration du poète :

L'endroit était solitaire et sauvage. On avait en perspective quelques hameaux répandus dans la plaine ; au delà, une chaîne de montagnes inégales et déchirées qui terminaient en partie l'horizon. On était à l'ombre des chênes, et l'on entendait le bruit sourd d'une eau souterraine qui coulait aux environs. C'était la saison où la terre est couverte des biens qu'elle accorde au travail et à la sueur des hommes. Dorval était arrivé le premier. J'approchai de lui sans qu'il m'aperçût. Il s'était abandonné au spectacle de la nature. Il avait la poitrine élevée. Il respirait avec force. Ses yeux attentifs se portaient sur tous les objets. Je suivais sur son visage les impressions diverses qu'il en éprouvait ; et je commençais à partager son transport, lorsque je m'écriai, presque sans le vouloir : « Il est sous le charme. »

Il m'entendit, et me répondit d'une voix altérée : « Il est vrai. C'est ici que l'on voit la nature. Voici le séjour sacré de l'enthousiasme. Un homme a-t-il reçu du génie ? Il quitte la ville et ses habitants. Il aime, selon l'attrait de son cœur, à mêler ses pleurs au cristal d'une fontaine ; à porter des fleurs sur un tombeau ; à fouler d'un pied léger l'herbe tendre de la prairie ; à traverser, à pas lents, des campagnes fertiles ; à contempler les travaux des hommes ; à fuir au fond des forêts. Il aime leur horreur secrète. Il erre. Il cherche un antre qui l'inspire. Qui est-ce qui mêle sa voix au torrent qui tombe de la montagne ? Qui est-ce qui sent le sublime d'un lieu désert ? Qui est-ce qui s'écoute dans le silence de la solitude ? C'est lui. Notre poète habite sur les bords d'un lac. Il promène sa vue sur les eaux, et son génie s'étend. C'est là qu'il est saisi de cet esprit, tantôt tranquille et tantôt violent, qui soulève son âme ou qui l'apaise à son gré... O Nature, tout ce qui est bien est renfermé dans ton sein ! Tu es la source féconde de toutes vérités !... Il n'y a dans ce monde que la vertu et la vérité qui soient dignes de m'occuper... L'enthousiasme naît d'un objet de la nature. Si l'esprit l'a vu sous des aspects frappants et divers, il en est occupé, agité, tourmenté. L'imagination s'échauffe ; la passion s'émeut, on est successivement étonné, attendri, indigné, courroucé. Sans l'enthousiasme, ou l'idée véritable ne se présente point, ou si, par hasard, on la rencontre, on ne peut la poursuivre... Le poète sent le moment de l'enthousiasme ; c'est après qu'il a médité. Il s'annonce en lui par un frémissement qui part de sa poitrine, et qui passe, d'une manière délicieuse et rapide, jusqu'aux extrémités de son corps. Bientôt ce n'est plus un frémissement ; c'est une chaleur forte et permanente qui l'embrase, qui le fait haleter, qui le consume, qui le tue, mais qui donne l'âme, la vie à tout ce qu'il touche. Si cette chaleur s'accroissait encore, les spectres se multiplieraient devant lui. Sa passion s'élèverait presque au degré de la fureur. Il ne connaîtrait de soulagement qu'à verser au dehors un torrent d'idées qui se pressent, se heurtent et se chassent. » *(Dorval et moi*, second entretien.*)*

... La clarté, de quelque manière qu'on l'entende, nuit à l'enthousiasme. Poètes, parlez sans cesse d'éternité, d'infini, d'immensité, du temps, de l'espace, de la Divinité, des tombeaux, des mânes, des enfers, d'un ciel obscur, des mers profondes, des forêts obscures, du tonnerre, des éclairs qui déchirent la nue. Soyez ténébreux. *(Salon de 1767.)*

*Et l'*Essai sur la poésie dramatique *précise encore ces conditions de l'inspiration poétique :*

En général, plus un peuple est civilisé, poli, moins ses mœurs sont poétiques ; tout s'affaiblit en s'adoucissant. Quand est-ce que la nature prépare des modèles à l'art ? C'est au temps où les enfants s'arrachent les cheveux autour du lit d'un père moribond ; où une mère découvre son sein, et conjure son fils par les mamelles qui l'ont allaité ; où un ami se coupe la chevelure, et la répand sur le cadavre de son ami ; où c'est lui qui le soutient par la tête et qui le porte sur un bûcher, qui recueille sa cendre et qui la renferme dans une urne qu'il va, en certains jours, arroser de ses pleurs ; où les veuves échevelées se déchirent le visage de leurs ongles, si la mort leur a ravi un époux ; où les chefs du peuple, dans les calamités publiques, posent leur front humilié dans la poussière, ouvrent leurs vêtements dans la douleur, et se frappent la poitrine ; où un père prend entre ses bras son fils nouveau-né, l'élève vers le ciel, et fait sur lui sa prière aux dieux ; où le premier mouvement d'un enfant, s'il a quitté ses parents, et qu'il les revoie après une longue absence, c'est d'embrasser leurs genoux, et d'en attendre, prosterné, la bénédiction ; où les repas sont des sacrifices qui commencent et finissent par des coupes remplies de vin, et versées sur la terre ; où le peuple parle à ses maîtres, et où ses maîtres l'entendent et lui répondent ; où l'on voit un homme le front ceint de bandelettes devant un autel, et une prêtresse qui étend les mains sur lui en invoquant le ciel et en exécutant les cérémonies expiatoires et lustratives ; où des pythies, écumantes par la présence d'un démon qui les tourmente, sont assises sur des trépieds, ont les yeux égarés, et font mugir de leurs cris prophétiques le fond obscur des antres ; où les dieux, altérés de sang humain, ne sont apaisés que par son effusion ; où des bacchantes, armées de thyrses, s'égarent dans les forêts et inspirent l'effroi au profane qui se rencontre sur leur passage...

Je ne dis pas que ces mœurs soient bonnes, mais qu'elles sont poétiques.

Qu'est-ce qu'il faut au poète ? Est-ce une nature brute ou cultivée, paisible ou troublée ? Préférera-t-il la beauté d'un jour pur et serein à l'horreur d'une nuit obscure, où le sifflement interrompu des vents se mêle par intervalles au murmure sourd et continu d'un tonnerre éloigné, et où il voit l'éclair allumer le ciel sur sa tête ? Préférera-t-il le spectacle d'une mer tranquille à celui des flots agités ? le muet et froid aspect d'un palais à la promenade parmi des ruines ? un édifice construit, un espace planté de la main des hommes, au touffu d'une antique forêt, au creux ignoré d'une roche déserte ? Des nappes d'eau, des bassins, des cascades, à la vue d'une cataracte qui se brise en tombant à travers des rochers, et dont le bruit se fait entendre au loin du berger qui a conduit son troupeau dans la montagne et qui l'écoute avec effroi ?

La poésie veut quelque chose d'énorme, de barbare et de sauvage.

C'est lorsque la fureur de la guerre civile ou du fanatisme arme les hommes de poignards et que le sang coule à grands flots sur la terre, que le laurier d'Apollon s'agite et verdit. Il en veut être arrosé. Il se flétrit dans les temps de la paix et du loisir. Le siècle d'or eût produit une chanson peut-être ou une élégie. La poésie épique et la poésie dramatique demandent d'autres mœurs.

Quand verra-t-on naître des poètes ? Ce sera après les temps de désastres et de grands malheurs, lorsque les peuples harassés commenceront à respirer. Alors les imaginations, ébranlées par des spectacles terribles, peindront des choses inconnues à ceux qui n'en ont pas été les témoins. N'avons-nous pas éprouvé, dans quelques circonstances, une sorte de terreur qui nous était étrangère ? Pourquoi n'a-t-elle rien produit ? N'avons-nous plus de génie ?

Le génie est de tous les temps ; mais les hommes qui le portent en eux demeurent engourdis, à moins que des événements extraordinaires n'échauffent la masse, et ne les fassent paraître. Alors les sentiments s'accumulent dans la poitrine, la travaillent ; et ceux qui ont un organe, pressés de parler, le déploient et se soulagent.

Une telle conception du génie condamne peut-être l'artiste, le poète, à la solitude et au malheur :

J'ai bien peur que l'homme n'aille droit au malheur par la voie qui conduit l'imitateur de la nature au sublime. Se jeter dans les extrêmes, voilà la règle du poète. Garder en tout un juste milieu, voilà la règle du bonheur. Il ne faut point faire de poésie dans la vie. Les héros, les amants romanesques, les grands patriotes, les magistrats inflexibles, les apôtres de religion, les philosophes à toute outrance, tous ces rares et divins insensés font de la poésie dans la vie : de là leur malheur... Il est d'expérience que la nature condamne au malheur celui à qui elle a départi le génie et celle qu'elle a douée de la beauté ; c'est que ce sont des êtres poétiques. *(Œuvres complètes*, XI, 124-126.*)*

Comment, dès 1762, ce passionné, qui mit tant de poésie dans sa vie et sut si mal se ranger aux conseils de cette médiocrité qu'il prétendait seule capable de procurer le bonheur, — comment voyait-il venir la mort ? Il le confie à Mlle Volland :

Pourquoi, plus la vie est remplie, moins on y est attaché ? Si cela est vrai, c'est qu'une vie occupée est communément une vie innocente ; c'est qu'on pense moins à la mort, et qu'on la craint moins ; c'est que, sans s'en apercevoir, on se résigne au sort commun des êtres qu'on voit sans cesse mourir et renaître autour de soi ; c'est qu'après avoir satisfait pendant un certain nombre d'années à des ouvrages que la nature ramène tous les ans, on s'en détache, on s'en lasse ; les forces se perdent, on s'affaiblit, on désire la fin de la vie, comme après avoir bien travaillé on désire la fin de la journée ; c'est qu'en vivant dans l'état de nature on ne se révolte pas contre les ordres que l'on voit s'exécuter si nécessairement et si universellement ; c'est qu'après avoir fouillé la terre tant de fois, on a moins de répugnance à y descendre ; c'est qu'après avoir sommeillé tant de fois sur la surface de la terre, on est plus disposé à sommeiller un peu au-dessous ; c'est pour revenir à une des idées précédentes, qu'il n'y a personne parmi nous qui, après avoir beaucoup fatigué, n'ait désiré son lit, n'ait vu approcher le moment de se coucher avec un plaisir extrême ; c'est que la vie n'est, pour certaines personnes, qu'un long jour de fatigue, et la mort qu'un long sommeil, et le cercueil qu'un lit de repos, et la terre qu'un oreiller où il est doux à la fin d'aller mettre sa tête, pour ne la plus relever. Je vous avoue que la mort, considérée sous ce point de vue, et après les longues traverses que j'ai essuyées, m'est on ne peut pas plus agréable. Je veux m'accoutumer de plus en plus à la voir ainsi. *(A Sophie Volland*, 23 septembre 1762.*)*

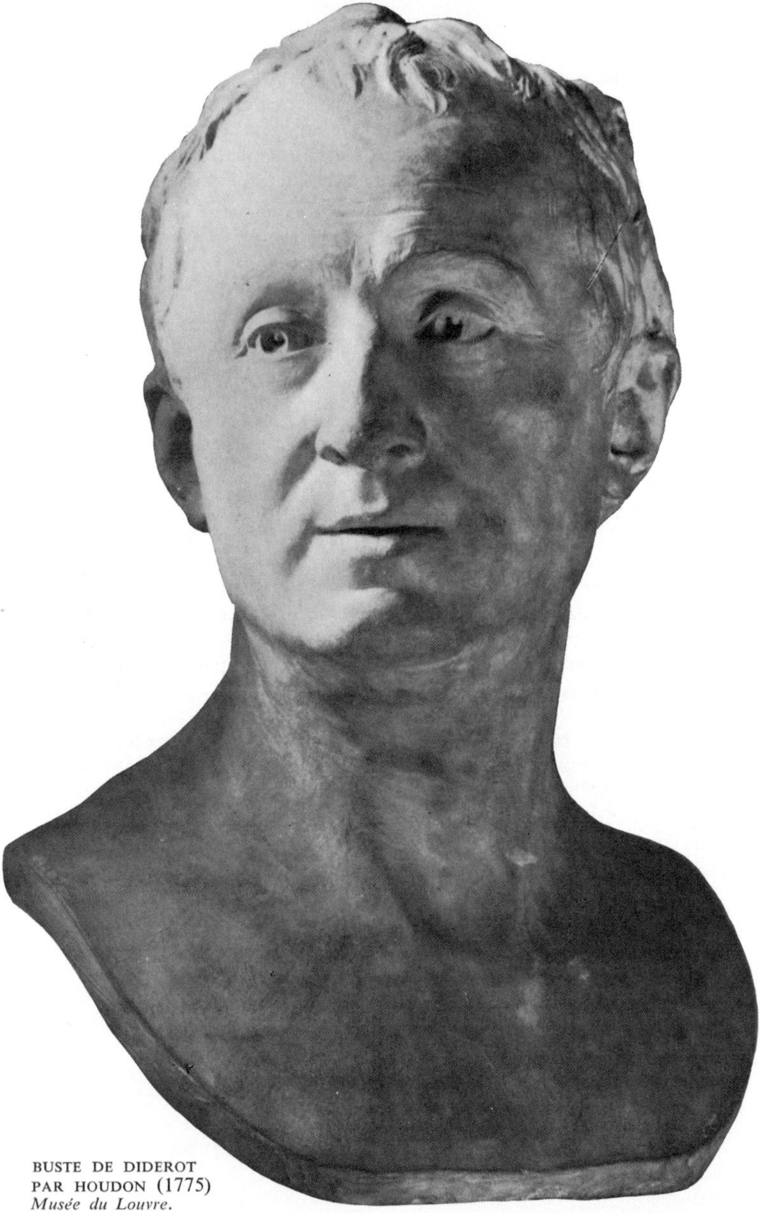

BUSTE DE DIDEROT
PAR HOUDON (1775)
Musée du Louvre.

Acceptation non point tant résignée que douce, où l'inclinait, on veut le croire, la confiance qu'il mettait dans le jugement de la postérité :

Il est doux d'entendre pendant la nuit un concert de flûtes qui s'exécute au loin et dont il ne me parvient que quelques sons épars, que mon imagination, aidée de la finesse de mon oreille, réussit à lier, et dont elle fait un chant suivi qui la charme d'autant plus que c'est en bonne partie son ouvrage. Je crois que le concert qui s'exécute de près a bien son prix. Mais le croiriez-vous, mon ami ? ce n'est pas celui-ci, c'est le premier qui enivre. La sphère qui nous environne, et où l'on nous admire, la durée pendant laquelle nous existons et nous entendons la louange, le nombre de ceux qui nous adressent directement l'éloge que nous avons mérité d'eux, tout cela est trop petit pour la capacité de notre âme ambitieuse ; peut-être ne nous trouvons-nous pas suffisamment récompensés de nos travaux par les génuflexions d'un monde actuel. A côté de ceux que nous voyons prosternés, nous agenouillons ceux qui ne sont pas encore. Il n'y a que cette foule d'adorateurs illimitée qui puisse satisfaire un esprit dont les élans sont toujours vers l'infini. Les prétentions, direz-vous, sont souvent au delà du mérite. D'accord, mais n'y voyez-vous pas un hommage merveilleux, vous me l'avez dit, et certainement vous êtes trop éclairés tous tant que vous êtes, pour que l'avenir soit jamais assez osé pour penser autrement que vous ?

Vous voyez, mon ami, que je me moque de tout cela, que je me persifle moi et toutes les autres mauvaises têtes comme la mienne : eh bien, vous l'avouerai-je, en regardant au fond de mon cœur, j'y retrouve le sentiment dont je me moque, et mon oreille, plus vaine que philosophique, entend même en ce moment quelques sons imperceptibles du concert lointain. *(A Falconet,* 10 décembre 1765.*)*

... Qu'est-ce qui soutenait les Roger et François Bacon, tant d'autres qui ont consumé leur vie parmi des contemporains incapables d'apprécier leurs travaux, tant d'autres que la nature condamnait au malheur, en leur accordant un génie précoce pour leur siècle ? Ils étaient ou ignorés, ou méprisés, ou calomniés, ou pauvres, ou tourmentés. Ils voyaient que de longtemps ils ne seraient compris, évalués, estimés. Cependant ils continuaient de souffrir et de travailler. Parmi une infinité de motifs de leur constance, vous n'en exclurez pas du moins le seul qu'ils aient unanimement allégué : c'est que le temps de la justice viendrait. Il est venu, ce temps qu'ils avaient prédit, et justice s'est faite. Rien de si commun et de si sincère que l'appel à la postérité, et quand il est légitime, il n'est point mis au néant.

Et tous ceux qui ont consacré leur vie à des ouvrages posthumes, et qui n'ont espéré de leurs travaux que la bénédiction des siècles à venir ? Voilà les hommes que vous appelez des fous, des insensés, des rêveurs ; les plus généreux des hommes, les âmes les plus fortes, les plus élevées, les moins mercenaires. Envierez-vous à ces mortels illustres leur unique salaire, la pensée douce qu'ils seraient un jour honorés ?

Et ces philosophes, et ces ministres, et ces hommes véridiques qui ont été la victime des peuples stupides, des prêtres atroces, des tyrans enragés, quelle consolation leur restait-il en mourant ? C'est que le préjugé passerait, et que la postérité reverserait l'ignominie sur leurs ennemis. O postérité sainte et sacrée ! soutien du malheureux qu'on opprime, toi qui es juste, toi qu'on ne corrompt point, qui venges l'homme de bien, qui démasques l'hypocrite, qui traînes le tyran ; idée sûre, idée consolante, ne m'abandonne jamais. La postérité pour le philosophe, c'est l'autre monde de l'homme religieux. *(A Falconet, février 1766.)*

Le fragment du manuscrit des Confessions *où figure le jugement de Rousseau sur Diderot rappelé ci-contre* (p. 181).

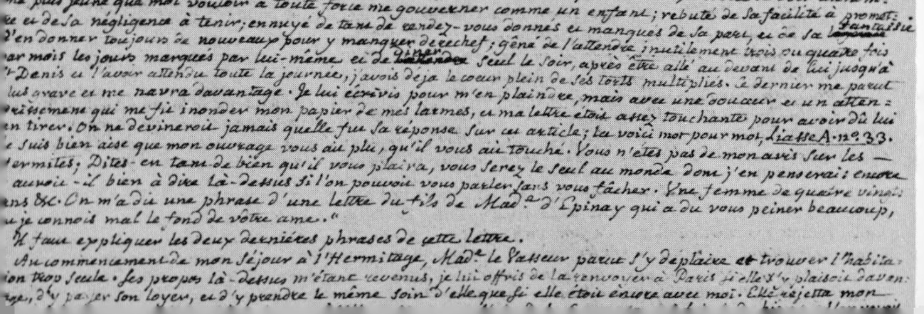
J'aimois tendrement Diderot, je l'estimois sincerement, et je comptois avec une entiere confiance sur les
mêmes sentimens de sa part. Mais excedé de son infatigable obstination à me contrarier eternellement sur mes
gouts, mes penchans, ma maniere de vivre, sur tout ce qui n'interessoit que moi seul; revolté de voir un hom=
ne plus jeune que moi vouloir à toute force me gouverner comme un enfant; rebuté de sa facilité à promet=
ce et de sa négligence à tenir; ennuyé de tant de rendez-vous donnés et manqués de sa part, et de sa fantaisie
d'en donner toujours de nouveaux pour y manquer derechef; gêné de l'attendre inutilement trois ou quatre fois
par mois les jours marqués par lui-même et de dîner seul le soir, après être allé au devant de lui jusqu'à
…Denis et l'avoir attendu toute la journée, j'avois déja le cœur plein de ses torts multipliés. Ce dernier me parut
…lus grave et me navra davantage. Je lui écrivis pour m'en plaindre, mais avec une douceur et un atten=
…rissement qui me fit inonder mon papier de mes larmes, et ma lettre étoit assez touchante pour avoir dû lui
…n tirer. On ne devineroit jamais quelle fut sa réponse sur cet article; la voici mot pour mot, Liasse A. n° 33.
…e suis bien aise que mon ouvrage vous ait plu, qu'il vous ait touché. Vous n'etes pas de mon avis sur les —
…ermites; Dites-en tant de bien qu'il vous plaira, vous serez le seul au monde dont j'en penserai: encore
… auroit-il bien à dire là-dessus si l'on pouvoit vous parler sans vous fâcher. Une femme de quatre vingts
…ans &c. On m'a dit une phrase d'une lettre du fils de Mad^e. d'Epinay qui a du vous peiner beaucoup,
…u je connois mal le fond de votre ame."
Il faut expliquer les deux dernieres phrases de cette lettre.
Au commencement de mon séjour à l'Hermitage, Mad^e. le Vasseur parut s'y déplaire et trouver l'habita=
…ion trop seule. Ses propos là-dessus m'étant revenus, je lui offris de la renvoyer à Paris si elle s'y plaisoit davan=
…age, d'y payer son loyer, et d'y prendre le même soin d'elle que si elle étoit encore avec moi. Elle rejetta mon

Diderot vu par...

VOLTAIRE

Je vous regarde comme un homme nécessaire au monde, né pour l'éclairer et pour écraser le fanatisme et l'hypocrisie. Avec cette multitude de connaissances que vous possédez, et qui devrait dessécher le cœur, le vôtre est sensible...

Lettre à Diderot, décembre 1760.

[Pantophile-Diderot :]

Tout est dans la sphère d'activité de son génie ; il passe des hauteurs de la métaphysique au métier d'un tisserand, et de là il va au théâtre. Quel dommage qu'un génie tel que le sien ait de si sottes entraves et qu'une troupe de coqs d'Inde soit venue à bout d'enchaîner un aigle !

Lettre à Thiriot, 19 novembre 1760.

JEAN-JACQUES ROUSSEAU

J'aimais tendrement Diderot ; je l'estimais sincèrement et je comptais avec une entière confiance sur les mêmes sentiments de sa part. Mais excédé de son infatigable obstination à me contrarier éternellement sur mes goûts, mes penchants, ma manière de vivre, sur tout ce qui n'intéressait que moi seul ; révolté de voir un homme plus jeune que moi vouloir à toute force me gouverner comme un enfant ; rebuté de sa facilité à promettre et de sa négligence à tenir ; ennuyé de tant de rendez-vous donnés et manqués de sa part, et de sa fantaisie d'en donner toujours de nouveaux pour y manquer derechef [...], j'avais le cœur plein de ses torts multipliés.

Confessions, livre IX (événements de 1757).

LE PRÉSIDENT DE BROSSES

C'est un gentil garçon, bien doux, bien aimable, grand philosophe, fort raisonneur, mais faiseur de digressions perpétuelles.

Il m'en fit bien vingt-cinq hier, depuis neuf heures qu'il resta dans ma chambre jusqu'à une heure. Oh ! que Buffon est bien plus net que tous ces gens-là !

Lettres écrites de Paris ; 1754.

L'ABBÉ GALIANI

[Diderot va partir :]

C'est un homme à oublier qu'il doit revenir ; le temps et l'espace sont devant lui comme devant Dieu : il croit être partout et être éternel.

Lettre à Mme d'Épinay, 15 mai 1773.

GRIMM

Ce philosophe, grand poète, grand peintre, grand sculpteur, grand musicien, artiste mécanicien, artisan, sans jamais avoir fait ni de vers, ni de tableaux, ni de musique, ni de statue, ni de machine, ressemble à cet homme extraordinaire dont l'antiquité a fait son dieu : Apollon. Profond et plein de vigueur dans ses écrits, mais bien plus étonnant dans sa conversation, il rend des oracles de toute espèce sur toutes sortes d'objets. C'est l'homme le moins capable de prévoir ce qu'il va faire ou ce qu'il va dire ; mais quoi qu'il dise, il crée et il surprend toujours. La force et la fougue de son imagination seraient quelquefois effrayantes, si elles n'étaient tempérées par la douceur de mœurs d'un enfant et par une bonhomie qui donne un caractère singulier et rare à toutes ses autres qualités.

Correspondance littéraire, 1er octobre 1763.

MARMONTEL

Qui n'a connu Diderot que dans ses écrits ne l'a point connu.

Mémoires ; 1804.

D'HOLBACH

Comme Diderot prêtait facilement, et sans s'en apercevoir, son esprit, son imagination et ses connaissances à ceux avec lesquels il s'entretenait, et qu'il supposait à tous les hommes les principes de probité selon lesquels il se conduisait, M. d'Holbach lui disait : « Vous êtes l'homme le plus heureux que je connaisse ; vous n'avez jamais trouvé ni un sot, ni un fripon, et vous n'avez jamais lu un mauvais livre, car à mesure que vous le lisez vous le refaites. »

In Naigeon, *Lettre sur la mort de M. le baron d'Holbach.*
(*Journal de Paris*, 9 février 1789.)

L'ABBÉ DE VAUXCELLES

Il avait de l'esprit toutes les fois qu'il perdait la tête ; et quand il l'avait bien perdue, c'était alors qu'il excellait, qu'il était éloquent, varié, plein d'images.

Opuscules philosophiques et littéraires ; 1796.

J.-H. MEISTER

C'était la tête la plus naturellement encyclopédique qui ait peut-être jamais existé... Ses idées étaient plus fortes que lui ; elles l'entraînaient, pour ainsi dire, sans qu'il lui fût possible ni d'arrêter ni de régler leur mouvement... Diderot conversait bien moins avec les hommes qu'il ne conversait avec ses propres idées.

Aux mânes de Diderot ; 1788.

SCHILLER

Je me suis mis, hier, à Diderot, qui m'enchante positivement et qui a mis mon esprit en branle jusqu'à son fond. Chacun de ses aphorismes, ou peu s'en faut, est comme un éclair qui illumine les profondeurs secrètes de l'art.

Lettre à Gœthe, 10 décembre 1796.

GŒTHE

[Le Neveu de Rameau :]

Ce dialogue éclate comme une bombe au beau milieu de la littérature française, et il faut une extrême attention pour être bien sûr de discerner au juste ce qu'atteignent les éclats, et comment ils portent.

Lettre à Schiller, 21 décembre 1804.

CARLYLE

Diderot, lui aussi, vola le feu prométhéen. Parmi ses nombreux écrits, si mêlés, il en est deux que nous pouvons presque appeler des poèmes : *Jacques le Fataliste* et, à un degré plus haut encore, *Le Neveu de Rameau*... Nous ne connaissons rien de semblable dans le domaine entier de la littérature française.

Diderot (dans *Critical and Miscellaneous Essays*, 1833).

SAINTE-BEUVE

Cette figure forte, bienveillante et hardie, colorée par le sourire, abstraite par le front, aux vastes tempes, au cœur chaud, la plus allemande de toutes nos têtes, et dans laquelle il entre du Gœthe, du Kant et du Schiller tout ensemble.

Premiers Lundis, I ; septembre 1830.

Pour nous tous, Diderot est un homme consolant à voir et à considérer. Il est le premier grand écrivain en date qui appartienne décidément à la moderne société démocratique. Il nous montre le chemin et l'exemple : être ou ne pas être des Académies, mais écrire pour le public, s'adresser à tous, improviser, se hâter sans cesse, aller au réel, au fait, même quand on a le culte de la rêverie ; donner, donner, donner encore, sauf à ne recueillir jamais ; *plutôt s'user que se rouiller*, c'est sa devise.

Causeries du Lundi, III, janvier 1851.

STENDHAL

En courant les rues assez jolies de Langres, et voyant de toutes parts des boutiques de couteliers, je ne pouvais penser qu'à Diderot. Sans doute cet écrivain a de l'emphase, mais combien en 1850 ne paraîtra-t-il pas supérieur à la plupart des *emphatiques* actuels ! Son emphase à lui ne vient pas de pauvreté d'idées, et du besoin de la cacher. Bien au contraire, il est embarrassé de tout ce que son cœur lui fournit. Il faut arracher six pages à *Jacques le Fataliste* ; mais, cette épuration accomplie, quel ouvrage de notre temps est comparable à celui-là ? Il ne manqua au talent de Diderot que le bonheur de faire la cour, à vingt ans, à une femme comme il faut, et la hardiesse de paraître dans son salon. Son emphase eût disparu : elle n'est qu'un reste des habitudes de la province.

Mémoires d'un touriste ; 1838.

EDMOND ET JULES DE GONCOURT

Relu *Le Neveu de Rameau*. Quel homme, Diderot ! quel fleuve, comme dit Mercier !... Voltaire est immortel et Diderot n'est que célèbre. Pourquoi ? Voltaire a enterré le poème épique, le conte, le petit vers, la tragédie. Diderot a inauguré le roman moderne, le drame et la critique d'art. L'un est le dernier esprit de l'ancienne France, l'autre est le premier génie de la France nouvelle.

Journal, 11 avril 1858.

BAUDELAIRE

Diderot, Gœthe, Shakespeare, autant de producteurs, autant d'admirables critiques.

Richard Wagner et Tannhauser ; 1861.

MICHELET

Voltaire l'appelle Pantophile. Il n'est pas moins Panurge... De son troisième nom, qui lui va mieux encore, c'est le vrai

Prométhée. Il fit plus que des œuvres. Il fit surtout des hommes. Il souffla sur la France, souffla sur l'Allemagne. Celle-ci l'adopta, plus que la France encore, par la voix solennelle de Gœthe. Grand spectacle de voir le siècle autour de lui. Tous venaient à la file puiser au puits de feu. Ils y venaient d'argile, ils en sortaient de flamme. Et, chose merveilleuse, c'était la libre flamme de la nature propre à chacun. Il fit jusqu'à ses ennemis, les grandit, les arma de ce qu'ils tournèrent contre lui.

Histoire de France - Louis XV ; 1866.

TAINE

C'est un volcan en éruption qui, pendant quarante ans, dégorge les idées de tout ordre et de toute espèce, bouillonnantes et mêlées, métaux précieux, scories grossières, boues fétides ; le torrent continu se déverse à l'aventure, selon les accidents du terrain, mais toujours avec l'éclat rouge et les fumées âcres d'une lave ardente. Il ne possède pas ses idées, mais ses idées le possèdent ; il les subit... Il s'étale dans le bourbier du siècle qui est la gravelure, et dans la grande ornière du siècle qui est la déclamation... En revanche, parmi tant d'écrivains supérieurs, il est le seul qui soit un véritable artiste, un créateur d'âmes... L'homme qui a écrit les *Salons*, les *Entretiens*, le *Paradoxe du comédien*, surtout *Le Rêve de d'Alembert* et *Le Neveu de Rameau*, est d'espèce unique en son temps... Il a dit tout sur la nature, sur l'art, la morale et la vie, en deux opuscules dont vingt lectures successives n'usent pas l'attrait et n'épuisent pas le sens : trouvez ailleurs, si vous pouvez, un pareil tour de force et un plus grand chef-d'œuvre.

Les origines de la France contemporaine, Ancien Régime ; 1876.

BARBEY D'AUREVILLY

Diderot ne fut qu'une des pattes de la Bête immense à mille pattes qu'on appelle la Philosophie du XVIIIe siècle, de ce monstrueux perce-oreille qui perça tout, doctrines et mœurs...

Cet homme, qui était suprêmement un artiste par l'enthousiasme et par l'expression, eut toujours la rage d'être philosophe... C'est par l'art que le génie de Diderot reprend des ailes ; c'est par l'art, par la forme spontanée, l'accent, la chaleur de l'accent, que Diderot a devancé son siècle et qu'il sort de la boue de ce matérialisme, dans laquelle il s'est enfoncé, ce lion, jusqu'à la crinière...

C'est la vérité : Diderot, ce charlatan éblouissant qui joue l'inspiré et fait la Pythie dans sa robe de chambre, cesse d'être saltimbanque quand il s'agit d'art... Cet esprit faux en tant de choses avait la sensibilité juste.

Gœthe et Diderot ; 1880.

BRUNETIÈRE

A force d'entre-choquer des sophismes, Diderot quelquefois en fait jaillir une vive lumière. Une étincelle brille, file, et soudainement s'évanouit...

[Le Rêve de d'Alembert, Le Neveu de Rameau :]

Voilà qui se lit d'un bout à l'autre et d'une seule haleine, comme le roman d'un métaphysicien qui divague, ou comme le paradoxe d'un cynique qui se joue de la naïveté des bonnes âmes... Si loin qu'il soit de la perfection, sans doute, et presque toujours hors d'une juste mesure, Diderot n'en est pas moins, par instants, l'un de nos grands écrivains. Et dans ses *Salons* comme ailleurs, — peut-être même plus nombreuses et plus voisines de la perfection que nulle part ailleurs, il a laissé des pages qui dureront, je le crois parce que je le souhaite, autant que la langue française.

Études critiques, II ; mai 1880.

ANATOLE FRANCE

Il fut le meilleur des hommes dans le meilleur des siècles... Connaître pour aimer fut l'effort de sa vie entière. Il aimait les hommes et les œuvres pacifiques des hommes.

Cahiers de la Quinzaine, II, 7 ; 1901.

MAURICE BARRÈS

[Rousseau, Diderot :]

Je les rejette, parce qu'ils sont des forces de désordre, parce qu'ils ont parlé contre l'ordre et que nous n'avons pas besoin de leurs excitations à cette heure...

... Qu'est-ce donc que Diderot ? Du point de vue littéraire, c'est un homme de grand talent, mais bien incomplet et parfois indigne. Parmi ses écrits, il en est de honteux et dont vous ne supporteriez pas la lecture. Il a écrit un chef-d'œuvre. *Le Neveu de Rameau*... Une pensée qui n'est ni profonde ni pure. Cervelle fumeuse.

Mes Cahiers, X ; 1913.

ANDRÉ GIDE

J'achève *Les Bijoux indiscrets*, que je lis avec ravissement. Je crois pourtant que mes préférences vont à *Jacques le Fataliste*...

... Lu abondance de Diderot. Dès qu'il est bon, c'est à ravir.

Journal ; 1924.

Bibliographie

Les dates de parution des divers ouvrages de Diderot ont été indiquées ci-dessus, pages 5 à 22.

Une édition des Œuvres complètes de Diderot est actuellement en cours de publication aux éditions Hermann, sous la direction d'Herbert Dieckmann, Jean Fabre, Jacques Proust et Jean Varloot. A ce jour (septembre 1978), sur les trente-trois volumes prévus, sept sont publiés : les tomes I *(Le modèle anglais)*; II *(Philosophie et mathématique)*; V, VI, VII, VIII *(Articles de* l'Encyclopédie*)*; XI *(La religieuse)*.

Quant aux éditions collectives, rappelons seulement celles de Naigeon (1798), de Belin (1818-19), de Brière (1821-23), de Paulin (1830-31). L'édition Brière contient les *Mémoires historiques et philosophiques sur la vie et les ouvrages de Diderot*, par Naigeon. De 1875-77 date l'édition des *Œuvres complètes* (20 volumes; Paris, Garnier), publiée par Assézat et Tourneux. On y trouve, au tome I, les *Mémoires pour servir à l'histoire de la vie et des ouvrages de Diderot*, par Mme de Vandeul.

De quelques-unes des œuvres, on possède aujourd'hui une édition critique :

Pensées philosophiques (Robert Niklaus). *Textes littéraires français*, Genève et Lille, Droz et Giard, 1950.

Lettre sur les aveugles (Robert Niklaus). *Textes littéraires français*, Genève et Lille, Droz et Giard, 1951.

Le Rêve de d'Alembert (Paul Vernière). *Société des textes français modernes*, Paris, Didier, 1951.

Le Neveu de Rameau (Jean Fabre). *Textes littéraires français*, Genève et Lille, Droz et Giard, 1950.

Supplément au Voyage de Bougainville (Gilbert Chinard). Paris, Droz, 1935. — *Idem.* (H. Dieckmann). Genève et Lille, Droz et Giard, 1955.

Salons (éd. Seznec et Adhémar). Oxford, Clarendon Press, 1957-67, 4 vol. — *Salons*, 1759-61-63, Paris, Flammarion, 1967.

Est-il bon? est-il méchant (éd. J. Undank). *Studies on Voltaire and the XVIIIth Century*, t. XVI. Genève, Droz, 1961.

La Religieuse (éd. J. Parrish). *Studies on Voltaire and the XVIIIth Century*, t. XXII. Genève, Droz, 1963.

Quatre Contes (Mystification ou Histoire des portraits. Les deux Amis de Bourbonne. Ceci n'est pas un conte. Madame de la Carlière) (éd. J. Proust). Genève, Droz, 1964.

Lettre sur les sourds et les muets (éd. P.-H. Meyer). *Diderot Studies*, t. VII. 1965.

Éléments de physiologie (éd. J. Mayer), Paris, Didier, 1964.

On utilisera aussi, avec grand profit, les volumes suivants des Classiques Garnier : *Œuvres romanesques* (H. Bénac). — *Œuvres philosophiques* (P. Vernière). — *Œuvres esthétiques* (P. Vernière). — *Œuvres politiques* (P. Vernière). — *Mémoires pour Catherine II* (P. Vernière).

Pour la *Correspondance*, il faut ajouter aux tomes XVIII-XX de l'édition Assézat et Tourneux :

Lettres à Sophie Volland (A. Babelon). Paris, Gallimard, 3 vol., 1930.

Correspondance inédite (A. Babelon). Paris, Gallimard, 2 vol., 1931.

Correspondance (G. Roth). Paris, Éd. de Minuit, 1955-65 (14 vol. parus).

Sur le problème de l'édition complète des œuvres de Diderot, il faut se reporter à :

Jean Thomas : *L'humanisme de Diderot* ; en particulier l'appendice, *État présent des travaux sur Diderot.* (Paris, *Les Belles Lettres*, 1938.)

Herbert Dieckmann : *Stand und Probleme der Diderot-Forschung*, (Bonn, Cohen, 1931) ; et *Bibliographical Data on Diderot* (Washington University Studies, New series, Language and Literature, nº 14, Saint-Louis, 1942). Du même érudit, il faut signaler encore un ouvrage qui pose à nouveau une série de problèmes : *Inventaire du Fonds Vandeul et inédits de Diderot.* (*Textes littéraires français ;* Genève et Lille, Droz et Giard, 1951).

PRINCIPALES ÉTUDES SUR DIDEROT :

André Billy : *Vie de Diderot* (1932) ; édition revue et augmentée en 1943. Bibliographie utile.

Hubert Gillot : *Denis Diderot, l'homme, ses idées philosophiques, esthétiques et littéraires* (1937).

Franco Venturi : *Jeunesse de Diderot* (1939).

Jean Pommier : *Diderot avant Vincennes* (1939).

Daniel Mornet : *Diderot, l'homme et l'œuvre* (1941). Bibliographie succincte, mais précise.

Henri Lefebvre : *Diderot* (1949). Interprétation marxiste de la pensée de Diderot ; voir aussi : J. K. Luppol, *Diderot* (1936), et Jean Luc, *Diderot, l'artiste et le philosophe* (1938).

Yvon Belaval : *L'esthétique sans paradoxe de Diderot* (1950).

Jean Fabre : Édition critique du *Neveu de Rameau* (1950). Cet ouvrage contient une excellente bibliographie ; c'est à elle que l'on se reportera de préférence.

J. Robert Loy : *Diderot's determined fatalist, a critical appreciation of Jacques le Fataliste* (1950).

Georges May : *Quatre visages de Diderot* (1951).

Pierre Mesnard : *Le cas Diderot ; étude de caractérologie littéraire* (1952).

Albert Soboul : *Textes choisis de l' « Encyclopédie »* Paris. Éditions Sociales, 1952.

Otis E. Fellows et Norman L. Torrey : *Diderot Studies* I à XIV. Genève, Droz, 1949-1969.

Georges May : *Diderot et « La Religieuse »*. Presses Universitaires de France, 1954.

Roland Mortier : *Diderot en Allemagne (1750-1850)*. Presses Universitaires de France, 1954.

Paul Vernière : *Spinoza et la pensée française avant la Révolution*, t. II. *Le XVIIIe siècle*. Presses Universitaires de France, 1954.

J. Seznec : *Essais sur Diderot et l'antiquité*. Oxford, Clarendon Press, 1957.

H. Dieckmann : *Cinq leçons sur Diderot*. Genève, Droz, 1959.

Michèle Duchet : *Diderot collaborateur de l'abbé Raynal* (dans *Revue d'histoire littéraire de la France*, 1960, fasc. 4).

J. Doolittle : *Rameau's Nephew. A Study of Diderot's second Satire*. Genève, Droz, 1960.

Jacques Proust : *Diderot et l'Encyclopédie*. Paris, Colin, 1962.

J. Fabre : *Lumières et Romantisme* (contient quatre études sur Diderot). Paris, Klincksieck, 1963.

R. Kempf : *Diderot et le roman*. Paris, Le Seuil, 1964.

R. Pomeau : *Diderot*, Presses Universitaires de France, 1967.

J.-L. Lentrat : *Diderot*, Éditions Universitaires, 1967.

J. Schwartz : *Diderot and Montaigne. — The Essais and the shaping of Diderot's Humanism*. Genève, Droz, 1966.

La *Revue d'histoire de la philosophie et d'histoire générale de la civilisation* (Faculté des Lettres de Lille), n° d'avril-juin 1942, contient de très précises *Etudes sur Diderot*, de Jean Pommier. En janvier-mars 1949, la même revue, devenue *Revue des sciences humaines*, a consacré un excellent numéro à Diderot. — En 1951, la *Revue d'histoire littéraire de la France*, pp. 257-373, a publié diverses études importantes sur Diderot et sur *l'Encyclopédie*. (Voir aussi, même année, pp. 417-440, un article de Herbert Dieckmann sur *Diderot, Grimm et Raynal*.) — Les *Annales de l'Université de Paris* ont consacré un numéro spécial à Diderot et à *l'Encyclopédie*. — Mentionnons encore le numéro 24 des *Cahiers Haut-Marnais* (1er trimestre 1951), presque tout entier consacré à Diderot et numéro 75, 1964. — Dans *Critique*, 1955-1956 (nos 100-101, 107-109) M. Yvon Belaval a donné d'excellents comptes rendus des *Nouvelles recherches sur Diderot*. — Un volume des *Cahiers de l'Association internationale des études françaises*, n° 13, juin 1961, est en grande partie consacré à Diderot (Paris, Société d'édition Les Belles-Lettres). — Dans le t. XXIII (1963) des *Studies on Voltaire and the XVIIIth Century* (Genève, Droz), on trouvera quatre études concernant Diderot. — La revue *Europe* a consacré un numéro spécial à Diderot (janvier-février 1963) — Plusieurs études ont paru sur Diderot, de 1963 à 1966, dans *Critique* (voir janvier 63, février 64, février 65, mai et juillet 66).

ŒUVRES DE DIDEROT EN LIBRAIRIE

LES BIJOUX INDISCRETS : Garnier, coll. « Garnier-Flammarion ».
CORRESPONDANCE COMPLÈTE : Éd. de Minuit (notes de G. Roth) : I : 1713-1757, ép. - II : 1757-nov. 1759, ép. - III : 1er déc. 1759-31 déc. 1761, ép. - IV - V - VI - VII - VIII - IX - X - XI - XII - XIII - XIV - XV et XVI, à paraître. Les T. I, II et III seront réimprimés.
DE LA POÉSIE DRAMATIQUE : Larousse, coll. « Nouveaux Classiques ».
ÉCRITS PHILOSOPHIQUES : Pauvert, coll. « Libertés ».
L'ENCYCLOPÉDIE (extraits) : Larousse.
ENTRETIENS SUR LE FILS NATUREL - PARADOXE SUR LE COMÉDIEN : Garnier, coll. « G. F. ».
ESSAIS SUR LA PEINTURE : Éditions Sociales.
EXTRAITS : Hatier. De Gigord. Hachette, coll. « C. F. ».
LE FILS NATUREL : Larousse, coll. « Nouveaux classiques ».
JACQUES LE FATALISTE ET SON MAITRE : Le Livre de poche. E.F.R., épuisé. Delmas, épuisé, Larousse. Albin Michel, épuisé. O.C.O.
LETTRE SUR LES AVEUGLES : Droz.
LETTRE SUR LES SOURDS ET LES MUETS : Droz.
LETTRES A SOPHIE VOLLAND : Gallimard, 2 vol.
MÉMOIRES POUR CATHERINE II : Garnier, coll. « Classiques » ; coll. « Prestige ».
MYSTIFICATION OU HISTOIRE DES PORTRAITS : E.F.R. ; avec ill. de Picasso.
LE NEVEU DE RAMEAU : Droz. Cailler, épuisé. Le Prat. Gründ, épuisé. Le Livre de poche. Larousse. Garnier, coll. « G. F. ».
LE NEVEU DE RAMEAU - LA RELIGIEUSE : Plon, coll. « 10-18 ».
ŒUVRE (extraits) : Hachette, coll. « C. F. ».
ŒUVRES : Gallimard, coll. « Bibilothèque de la Pléiade ».
ŒUVRES CHOISIES : Larousse, coll. « Classiques », 2 vol.
ŒUVRES ESTHÉTIQUES : Garnier, coll. « Classiques » ; coll. « Prestige ».
ŒUVRES PHILOSOPHIQUES : *Pensées philosophiques, Lettres sur les aveugles, De l'interprétation de la nature, Entretien entre D'Alembert et Diderot, Le Rêve de D'Alembert, Principes philosophiques sur la matière et le mouvement, Entretien d'un père avec ses enfants, Supplément au voyage de Bougainville, Entretien d'un philosophe sur la maréchale de ***, Extraits de la Réfutation suivie de l'ouvrage d'Helvetius intitulé « l'Homme », Lettre apologétique de l'abbé Raynal à M. Grimon,* Garnier, coll. « Classiques » ; coll. « Prestige ».
ŒUVRES POLITIQUES : Garnier, coll. « Classiques » ; coll. « Prestige ».
ŒUVRES ROMANESQUES : *les Bijoux indiscrets, la Religieuse, le Neveu de Rameau, Jacques le Fataliste, les Deux Amis de Bourbonne, Ceci n'est pas un conte, Sur l'inconséquence du Jugement Public de nos actions particulières* (notes de H. Bénac), Garnier, coll. « Classiques » ; coll. « Prestige ».
OPINIONS ET PARADOXES : P.U.F.
PAGES CHOISIES : Hachette, coll. « Vaubourdolle ».
PAGES INÉDITES CONTRE UN TYRAN : G.L.M.
PARADOXE SUR LE COMÉDIEN : Librairie Théâtrale.
PENSÉES PHILOSOPHIQUES : Droz.
PENSÉES SUR L'INTERPRÉTATION DE LA NATURE : Éditions Sociales, en réimpression.
LE POUR ET LE CONTRE : E.F.R.
LE PROSPECTUS DE L'ENCYCLOPÉDIE : Imprimerie Nationale, épuisé.
QUATRE CONTES : *Mystification, Les Deux Amis de Bourbonne, Ceci n'est pas un conte, Madame de la Carlière* : Droz-Minard.

LA RELIGIEUSE : Le Livre de poche. Garnier, coll. « G. F. », Colin, coll. « Cluny », épuisé. Productions de Paris. Éd. Baudelaire. Éd. de la Renaissance.
LE RÊVE DE D'ALEMBERT : Éditions Sociales.
ROMANS : Garnier, coll. « Sélecta ».
SALONS : Minard. T. I : 1759-1761 ; II : 1765 ; III : 1767 ; IV : Éditions Sociales.
SALONS - PARADOXE SUR LE COMÉDIEN - CORRESPONDANCE : Larousse, 2 T.
SUR L'ART ET LES ARTISTES : Hermann.
SUR LA LIBERTÉ DE PRESSE : Éditions Sociales.
TEXTES POLITIQUES : Éditions Sociales.

A AMSTERDAM,
Chez *ZACHARIE CHATELAIN.*
M. DCC. XLV.

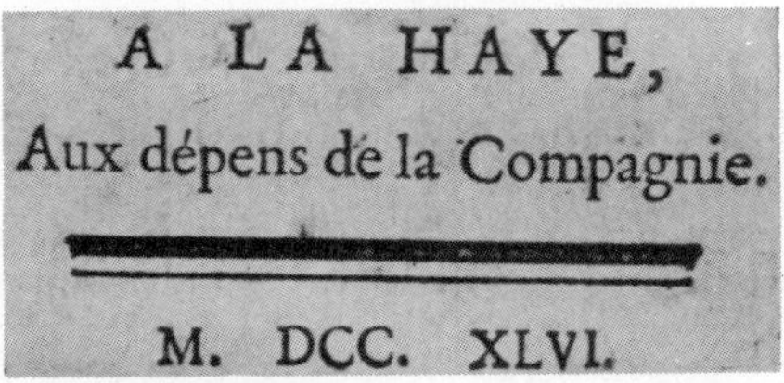
A LA HAYE,
Aux dépens de la Compagnie.
M. DCC. XLVI.

A LONDRES.
MDCCXLIX.

40

Table

Illustrations

Les illustrations du présent volume sont constituées par des documents dont la plupart proviennent de la *Bibliothèque Nationale*.

Nous avons eu très largement recours pour toutes les précisions d'ordre iconographique au Catalogue édité par la Bibliothèque Nationale, en 1951, pour l'Exposition commémorative du deuxième centenaire de l'Encyclopédie : *Diderot et l'Encyclopédie*, Préface de Julien Cain, Introduction de Georges Huard.

Le portrait de Diderot par Lévitzky, aux pages 88-89, est conservé au *Musée d'Art et d'Histoire de la Ville de Genève* qui a bien voulu nous autoriser à le reproduire.

Nous sommes également redevables à la *Bibliothèque Publique et Universitaire de Genève* de la reproduction du fragment du manuscrit des *Confessions* qui figure en page 180.

Le profil de Rousseau, en page 13, provient d'une médaille en bronze, par Dumarest ; celui de Diderot, qui l'accompagne, provient d'une médaille, également en bronze, par Domard (1817). Les reproductions des portraits des pages 24 et 31 nous ont été aimablement communiquées par la *Société Historique et Archéologique de Langres* et par le conservateur du *Musée de Langres*, où se trouvent ces deux portraits.

Le buste de Diderot par Houdon (p. 178) est conservé au Louvre. La reproduction en est due aux *Archives photographiques*.

La lettre de Diderot à des Essarts, relative au *Père de famille*, reproduite en page 2, appartient aux *Archives de la Comédie-Française*.

La planche de l'*Encyclopédie*, reproduite en pages 2 et 3 de couverture, est une photo de Roger-Viollet. Le document de la p. 4 est de Roger-Viollet et celui de la p. 24 est de Bulloz.

ACHEVÉ D'IMPRIMER EN 1986 PAR L'IMPRIMERIE TARDY QUERCY S.A. - BOURGES
D. L. 2e TRIM. 1953 - N° 536-13 (13234)